PETRA URBAN

Der Duft von Glück

Selbstbegegnung im Spiegel der Jahreszeiten

Vier-Türme-Verlag

INHALT

Ein Wort vorab 7

Vom Gehen 9

Frühling I. – Das blaue Band 12

Von der Selbstliebe – »Ich lieb mich, ich lieb mich nicht ...!« 24

Frühling II. – Ein Strauß von Blüten 51

Sommer I. – Rosenknospen 55

Vom Nein-Sagen 69

Sommer II. – Wolkenweiß 79

Herbst I. – Goldenes Licht 86

Das Leben – ein Buffet 92

Herbst II. – Nebelschleier 99

Winter I. – Weiße Flocken 110

Der Unfall 117

Winter II. – Weihnachtsgeflüster 126

Schluss 139

Quellen 141

Für Irina

Ein Wort vorab

*Frühling, Sommer, Herbst und Winter
sind vier Jahreszeiten. Keine weniger und keine mehr.
Vier verschiedene Fröhlichkeiten.*
LEO LIONNI

Ein kalter Wintermorgen. Strahlend blauer Himmel. Sonnenschein. Tief in Gedanken versunken war ich eine Anhöhe hinaufspaziert, als plötzlich ein Auto neben mir hielt, die Scheibe surrend herunterfuhr und ein Freund mich lächelnd grüßte. »Ich wollte nicht achtlos an dir vorbeieilen!«, sagte er und war, kaum dass ich seinen Gruß erwidert hatte, schon wieder auf und davon. Erstaunt blickte ich ihm hinterher. Und während seine Worte in mir nachhallten, fiel mir plötzlich auf, wie herrlich die Welt um mich herum funkelte und glitzerte, welch eine schneeweiße, frostige Schönheit sie war. Eine Winterschönheit, an der ich tatsächlich achtlos vorbeigeeilt war.

An jenem Morgen habe ich mir vorgenommen, dem Zauber der Jahreszeiten irgendwann ein Buch zu widmen. Und nun ist es soweit. Lächelnd lade ich Sie ein, mich auf einem Spaziergang durch die wechselnden Farben des Lebens zu begleiten. Die Freundschaft der Blumen und Bäume zu suchen und uns in ihrer wohltuenden Nähe selbst zu begegnen. Denn genau darum geht es: um Selbstbegegnung im Spiegel der Jahreszeiten.

Vom Gehen

Ich ging im Walde
so für mich hin,
und nichts zu suchen
das war mein Sinn ...

JOHANN WOLFGANG VON GOETHE

Was Johann Wolfgang von Goethe hier leichtfüßig formuliert, schwebt auch uns vor. Nichts suchen müssen auf unserem Weg, uns vielmehr finden und beschenken lassen. Müßiggang im Jahreskreis sozusagen. Ich selbst gehe gern »so für mich hin«. Ich gehe, wenn es mir gut geht, und ich gehe, wenn es mir schlecht geht. Und wenn in meinem Leben so gar nichts geht – was durchaus vorkommt – oder ich nicht mehr weiß, wo es gerade langgeht, dann gehe ich auch. Gehen ist für mich das Gegenteil von Auf-der-Stelle-Treten. Wenn etwas »losgeht«, das weiß der Volksmund, dann kommt eine Sache in Schwung.

Vor gar nicht langer Zeit habe ich eine Szene in einer Kirche erlebt, die mir im Gedächtnis geblieben ist, weil sie so hübsch war. Es war kurz vor Beginn des Gottesdienstes, der Raum bereits in Andacht getaucht. Kein Flüstern, kein Räuspern, kein Herumrutschen auf den Bänken. In diese tiefe, beinah atemlose Stille hinein jubilierte plötzlich eine glockenhelle, durch und durch fröhliche Kinderstimme: »Achtung! Jetzt geht's los!« Sogleich belebte sich der Raum. Allgemeine Erheiterung, Köpfe drehten sich herum, Hälse reckten sich. Und auch ich habe gelächelt und mich nach der Stimme umgewandt, denn ohne es zu wissen, hatte dieser kleine Mensch uns allen, die wir saßen und warteten, etwas Wichtiges mit auf den Weg gegeben: dass nämlich der Anfang einer Sache wesentlich ist, das Einstimmen darauf.

Und genau das tun wir jetzt. Wir stimmen uns auf unseren Spaziergang durch die Jahreszeiten ein, lauschen dem Flüstern des Windes und dem Herzschlag der Erde. Den Blick in blaue Weiten und Fernen gerichtet, verabschieden wir uns von unserem Alltag und begrüßen stattdessen das Abenteuer, das vor uns liegt. Gehen, so machen wir uns klar, ist das Berühren der Erde mit den Füßen. Gehend sind wir also Berührende und Berührte zugleich. Öffnen wir uns für dieses Wechselspiel. Gehen wir auf Tuchfühlung! Spüren wir die Beschaffenheit des Bodens unter unseren Füßen, lauschen wir der Melodie unserer Schritte.

Aufbrechen. Kein schlechter Begriff, wie ich finde, für das, was wir vorhaben. Denn Aufbrechen heißt, uns auf den Weg zu machen, heißt aber auch, uns zu öffnen, innerlich weit zu werden. Und genau darum geht es uns: in Kontakt mit uns selbst zu kommen und uns dabei als Teil eines großen Ganzen zu erleben. In Weimar, der Stadt der großen Dichter und Denker, steht im Park an der Ilm, recht unscheinbar im Gras versteckt, die Botschaft zu lesen: »Hebe deinen Blick und verweile.« Auch der Physiker Stephen Hawkins hat in seiner bewegenden Abschiedsbotschaft die Menschheit daran erinnert: »Vergesst nicht, zu den Sternen hinauf zu gucken und nicht hinab auf eure Füße.« Und so wollen wir uns auf unserem Weg immer wieder daran erinnern, den Blick nicht der Schwerkraft zu überlassen, ihn vielmehr hinauf ins Grenzenlose zu schicken. Den Kopf zu heben, um uns selbst zu erheben. Weit bleiben im Denken und Fühlen, die Sehnsucht wachhalten, die uns grenzenlos stimmt und sehend macht für alle die Möglichkeiten, die in uns stecken. Ich gehe, also bin ich. Der Weg ist weit wichtiger als das Ziel, ist Freude an sich. Und die Sterne geben uns die Richtung vor. Drei G(eh)-Worte mögen uns begleiten: Gottvertrauen, Geduld und heitere Gelassenheit.

Frühling I. –
Das blaue Band

Frühling lässt sein blaues Band
wieder flattern durch die Lüfte.

EDUARD MÖRIKE

Laue Luft kommt blau geflossen,
Frühling, Frühling soll es sein!

JOSEPH VON EICHENDORFF

Über die Jahrhunderte hinweg haben sich Kunst-
schaffende mit den vier Jahreszeiten beschäftigt, ihre Schönheit in Tönen, Farben und Worten einge-
fangen. Antonio Vivaldi und Joseph Haydn zum
Beispiel haben sie auf ewig in Musik verwandelt.
Giuseppe Arcimboldo dagegen, der »Zaubermal-
er«, hat sie in aberwitzigen Portraits festgehalten,
in skurrilen Köpfen, bestehend aus den Früchten
und Pflanzen der jeweiligen Jahreszeit. Gleichnishaft
erscheint hier der Frühling als heiterer Blumenbo-
te, als farbfroher Herzschlag zwischen winterlicher
Erstarrung und neu erwachender Lebendigkeit. »In
jeder Blüte schlägt mein Herz«, scheint er zu flüs-

tern, »ich bin Sonne und Wonne.« Für uns ist dieser Freudenbringer mit »holdem, belebendem Blick« (Goethe), dieser Befreier von Eis und Schnee eine vorzügliche Zeit, um den Reigen der Jahreszeiten zu eröffnen. Wie ein riesengroßes Lächeln liegt er auf der Welt, weckt mit ersten wärmenden Sonnenstrahlen die Natur aus ihrem Tiefschlaf und küsst dabei auch unsere müden Lebensgeister wach. Aufbruchsstimmung all überall. Ein jedes drängt ans Licht. Neben Frühblühern und dem kühnen Lied der Amsel melden sich Frühlingsgefühle zu Wort. Ja, der Frühling hat das Zeug, – das Grün-Zeug, hätte ich beinah gesagt –, ungeahnte Gefühle in uns zu wecken. Es ist diese überschäumende Lebensfreude, die er versprüht, diese veilchenblaue, himmelhochjauchzende Lust. Als hätte die Natur plötzlich nichts anderes als Flausen im Kopf, als sei sie trunken vor Glück und ihr Puls ein wenig schneller als gewöhnlich.

So »kribbelt« sie uns, wie es bei Thomas Mann heißt, »auf eine unanständige Weise im Blute«. Der Lenz, ohne Frage, besitzt den Charme der Jugend. Diesen ungezähmten, mitreißenden Schwung, dieses fröhliche Herzflattern, diesen ganz speziellen Jubel. Dennoch ist er keine Sache der Jugend allein. Schließlich grünen auch die alten, selbst die uralten Bäume. Natürlich hat sich in unserem Leben, wenn wir bereits ein wenig in die Jahre gekommen sind, so einiges verändert. Das Alter hat seine Launen. Vielleicht sind wir nicht mehr so temperamentvoll und begeisterungsfähig wie einst, sind im Lauf der Zeit ruhiger, gesetzter und auch ein wenig antriebsloser geworden. Das Leben hat seine Spuren hinterlassen. Und doch – Hand aufs junge, alte Herz! –, der Frühling ist und bleibt eine Herrlichkeit, ein Fest für die Sinne. Das fröhliche Tirilieren der Vögel, das erste zarte Grün, die täglich höher steigende Sonne, der Duft des Neuanfangs, das alles ist süß wie eh und je. Wir müssen uns nur anhauchen, berühren lassen. Kaum ist das geschehen, spüren wir auch schon unser ureigenes Frühlingserwachen. Wir sind erfüllt von Freude, fragen uns, wo auch in unserem Leben etwas neu beginnen möchte, wo unser Lebenslied anders klingen könnte als bisher.

Denn vorbei ist der Winter ...
Auf der Flur erscheinen die Blumen:
Die Zeit zum Singen ist da.
HOHELIED 1,11

Und schon lauschen wir der Stimme unseres Herzens, die uns rät, das Schneckenhaus, in das wir uns den Winter über zurückgezogen haben, zu verlassen. Wie die Natur sind wir in Aufbruchsstimmung. Sehnen uns nach einem Quantum Abenteuer. Was will blühen in mir? Wo ist die Zeit für einen Frühjahrsputz gekommen? Wenn wir diesen Fragen genügend Aufmerksamkeit und Zuwendung schenken, dann kommen uns auch Ideen. Ein einziger Gedanke kann entscheidend sein.

Ich habe einmal eine »Kleine Gebrauchsanweisung für ein glückliches Leben« geschenkt bekommen. Da hieß es gleich zu Beginn: »Besuche mindestens zweimal im Jahr einen Kurs der Volkshochschule.« Obwohl dieser Vorschlag nicht nach dem ganz großen Abenteuer klingt, ist er dennoch keine schlechte Idee. Auf Kurs gehen. Allein oder zu zweit, ganz egal. Sympathie entwickeln für das, was es an Möglichkeiten in meiner nächsten Umgebung gibt. Ausprobieren, was für mich noch so alles möglich ist. Begegnungen haben, Gleichgesinnte treffen. Aus diesen regelmäßigen Begegnungen wiederum können tiefere Bekanntschaften werden. Ich selbst habe in meinen Seminaren immer wieder beobachtet, wie sich anfängliche Sympathie in Freundschaft verwandelte, sich Netzwerke bildeten, Menschen miteinander in Beziehung traten und Aktivitäten über den Kurs hinaus entwickelten, sich kunterbunte Fäden von Leben zu Leben spannten. Selbst das schönste aller Gefühle, selbst Liebe habe ich wachsen sehen. Also, warum nicht einmal die Bildungseinrichtungen vor Ort kontaktieren und nach Möglichkeiten neuer, kreativer Beschäftigung suchen? Ausschau danach halten, was uns im Kreis anderer Freude bereiten könnte? Freude, dieser goldene »Götterfunke«, ist ein riesengroßer Energielieferant und die wohl wichtigste, gesundmachende Kraft in unserem Leben. Und sie stellt sich ein, wenn wir tätig werden. Begeistern kann man sich für vieles, Ideen und Angebote gibt es genug. Das Zauberwort heißt: Loslegen! Leinen los und raus aus dem Hafen der Routine und der Gewohnheiten. Hinaus aufs Meer der Möglichkeiten. Auf Entdeckungsreise gehen, den Horizont erweitern, recherchieren, Programme lesen, im Freundes- und Bekanntenkreis herumfragen, Meinungen und Ideen einholen. Aus eingefahrenen Mustern und Strukturen ausbrechen, aufregend anders sein und nicht länger Gründe suchen, warum es nicht geht. Weg mit dem selbstentschuldigenden Wörtchen »wenn, ja, wenn ...«. Wenn wir immer nur das tun, was wir lange schon können und immer schon machen, dann findet kein inneres Wachstum, keine Veränderung statt. Neugier ist eine wunderbare Kraft, um uns und – ab einem gewissen Alter ganz wichtig! – unser Gehirn fit zu halten. Denn wer neugierig ist, nimmt intensiver am Leben teil, bricht aus dem alltäglichen Einerlei aus. Deshalb ist es so wohltuend, auch einmal Neues, Unübliches auszuprobieren. Sich frischen Wind um die Nase wehen zu lassen. Die bequeme Haltung des »ich könnte ja mal ...« zu verlassen und ins Machen, ins Tun zu kommen. Das Alter muss bei der Suche nach neuen kreativen Spielräumen keine Rolle spielen. Was geht, das geht! Experimentieren! Neugierde und die Gottesgabe der Begeisterung sind das Allerwichtigste. Wie heißt es so schön: Wer singen will, der findet auch ein Lied.

In einem meiner Seminare für »Kreatives Schreiben« war der älteste Teilnehmer über achtzig Jahre alt. Er habe immer schon den Wunsch verspürt zu schreiben, hatte er mir am Telefon gesagt, auch wenn die Aufsätze in der Schule mit Abstand das Schlimmste gewesen waren, was ihm passieren konnte. Mit anderen Worten: Das Schreiben von Texten war alles andere als sein bevorzugtes Metier. Trotzdem hatte er sich auf den Weg gemacht, sich auf dieses Abenteuer einzulassen. Aus dem schönen Grund, dass er seine Erinnerungen festhalten wollte, die sich langsam, ganz langsam, wie er sagte, in seinem Kopf aus dem Staub machten. Um der Vergesslichkeit ein Schnippchen zu schlagen, hatte er sich sogar einen Computer gekauft. Allerdings schrieb er, wenn es ihm mit der Technik nicht schnell genug ging, auch mit der Hand. Sein Eifer und seine Freude beim Niederschreiben seines Lebens haben mich tief beeindruckt. Auch die Gruppe – allesamt Frauen, die gut und gerne seine Enkeltöchter hätten sein können – war zutiefst berührt von seinen Geschichten aus einer längst vergangenen, aber nicht vergessenen Zeit. Wenn er vorlas, war es mucksmäuschenstill im Raum.

Beglückendes erleben. Das Herz zum Lachen bringen. Staunen, welch unentdeckte Talente ans Licht wollen. Menschen, die ein erfülltes, glückliches Leben führen, diese Erfahrung mache ich immer wieder, lieben es, sich auszuprobieren. Sie sind aufgeschlossen für neue Aktivitäten, neue Bekanntschaften und neue Ideen. Und wenn etwas schiefgeht, dann nehmen sie es mit einem gesunden Schuss Humor. Von einer Dame, die sich für einen Zeichenkurs angemeldet hatte, weiß ich, dass sie in der ersten Stunde nicht nur zu spät gekommen ist, weil sie länger arbeiten musste, sondern dass sie, hungrig wie sie war, auch noch den Apfel aufgegessen hat, den sie später zeichnen sollte. Tja, so kann's gehen!

Leise zieht durch mein Gemüt
Liebliches Geläute.
Klinge, kleines Frühlingslied,
Kling hinaus ins Weite!

HEINRICH HEINE

Vor soviel Schönheit schweigt mein tiefstes Lied.

CHRISTIAN MORGENSTERN

Das Frühjahr ist die Zeit sprießender Farben. Märzenbecher, goldene Winterlinge, die unverwüstlichen Primeln, Persischer Ehrenpreis, Löwenzahn & Co, sie alle melden sich wie ein bunter Willkommensgruß nach langer Winterzeit zurück. Lilafarbene Taubnesseln und Veilchen breiten sich wie Teppiche aus, in den Gärten strecken Forsythien ihre leuchtendgelben Arme gen Himmel, Magnolien, verschwenderisch blühend, verbreiten ihr süßliches Aroma und auch der Flieder duftet »so mild, so stark und voll«, wie es in den »Meistersingern von Nürnberg« heißt. Was wäre die Welt ohne Blumen! Ein trister, zutiefst trostloser Ort. In Kindertagen hatte ich eine Freundin, die im Gegensatz zu mir als »Blumenfee« wohl schon geboren war. Gemeinsam haben wir das Abenteuer Schule gemeistert, vereint um gute Noten gezittert und uns gegenseitig bei den Hausaufgaben geholfen. Auf ihrem Schreibtisch, inmitten von jeder Menge Krimskrams stand immer eine Vase mit einer einzelnen Schnittblume darin. Ich weiß noch genau, wie ich aus allen Wolken gefallen bin, als sie mir verriet, dieses wechselnde Grünzeug von ihrem Taschengeld zu kaufen. Für mich, die ich in jener Zeit ausschließlich in Süßigkeiten und Kinokarten investierte, geradezu unvorstellbar, wie man sein Geld für etwas derart Nutzloses ausgeben konnte, das nach nur wenigen Tagen verwelkt war und in den Müll gehörte. Trotzdem erinnere ich mich gut daran, wie gern ich diese so vergänglichen Wesen auf ihrem Schreibtisch, alle die duftenden Rosen, Lilien und Nelken, beim gemeinsamen Lernen angeschaut habe. Oft hatte ich dabei ein seltsam wohliges Gefühl, mitunter sogar eine Gänsehaut, weil sie von einer solchen Schönheit, Frische und Zartheit waren. So kam es, dass sich in mein Unverständnis im Lauf der Zeit eine leise Bewunderung mischte. Eines Tages dann passierte Folgendes: Ich war auf Rollschuhen in unserer Straße unterwegs gewesen, fröhlich hin- und hergefahren, als plötzlich etwas Grünes mit zwei spitzen, abgespreizten Blättern vor mir auf dem Bürgersteig lag. Eine Pflanze, die aus einem der geöffneten Krankenhausfenster herausgefallen und in die Tiefe gestürzt war. Ihr Topf war zersprungen, die Erde verstreut. Eine Verunglückte also. Eine Hilflose, die mich anstarrte und mit sanfter Zärtlichkeit mein Herz berührte. Und so hob ich sie auf, nahm sie mit nach Hause, setzte sie in frische Erde und stellte sie auf unseren Balkon. Und natürlich beobachtete ich sie. Ich weiß noch, welche Freude ich empfunden habe, als sie mich eines Morgens in voller Blüte begrüßte. Sie war eine prächtige, geheimnisvoll schimmernde Schwertlilie, eine Iris, benannt nach der griechischen Göttin des Regenbogens, jenem weltumspannenden Zeichen, das Himmel und Erde, Gott und die Menschen verbindet. Heute würde ich sagen, dass sie es war, diese vom Himmel gefallene Regenbogenschöne, die mich zu der Blumenfreundin gemacht hat, die ich heute bin. Ein Leben ohne Blühendes – für mich undenkbar.

Seht, meine Freunde, der Frühling ist gekommen!
Die Erde hat die Umarmung der Sonne empfangen
und wir werden bald die Früchte dieser Liebe
sehen.

INDIANISCHE WEISHEIT

»... eine Rose als Stütze«, heißt es in einem Gedicht von Hilde Domin. Ja, so erstaunlich es klingt, Blumen können bei aller Zartheit, Sanftheit und Vergänglichkeit eine mächtige Kraftquelle sein. Etwas, woran wir uns in schweren Zeiten »festhalten« können. Als mein Vater völlig überraschend mit nur fünfundfünfzig Jahren in seinem Skiurlaub gestorben war, näherte sich der Februar gerade dem Ende. Es war ein kalter Tag und in Düsseldorf lag der Karneval in der Luft. Unmittelbar nachdem ich das Unfassbare erfahren hatte, war ich zu meiner Mutter gefahren. Ich werde diesen Vormittag nie vergessen. Diese Atmosphäre abgrundtiefer Hilflosigkeit und Traurigkeit, diese Verzweiflung und dieses Gefühl erdrückender Schwere, das auf allem lastete. Schweigend saßen wir im Wohnzimmer, wie tot, wie abgestorben. Ohne Worte. Ohne Trost. Nach und nach schellten Patienten meiner Mutter, die in der Praxis vom Tod meines Vaters gehört hatten. Offensichtlich sprach es sich in Windeseile herum. Schon bald folgten Freunde und Nachbarn. Jede Menge Beileidsbekundungen. Jede Menge Tränen. Und dann erschien eine Freundin meiner Mutter mit einem Blumenstrauß, einem riesigen bunten Frühlingsstrauß. Noch heute sehe ich ihn auf dem Wohnzimmertisch stehen. Für mich war er wie ein Licht in all der Dunkelheit. Wie ein Lächeln, vom Leben vorbeigeschickt. Und ich weiß, dass ich bei seinem Anblick und seinem Duft, der schon nach kurzer Zeit das Zimmer erfüllte, tatsächlich einen Hauch von Trost verspürt habe. Weil er mich im Angesicht des Todes für Augenblicke an die Schönheit des Lebens erinnerte.

Blumen, diese wunderbaren Geschöpfe der Natur, bezaubern durch ihre ureigene Sprache. Sie »sprechen« dort, wo wir verzweifeln, aber auch dort, wo wir im Glück sind, in Glückseligkeit nur so schwelgen. Immer finden sie die richtigen »Worte« zum richtigen Anlass, schenken uns ihre glühenden Farben, ihren Duft, ihre Anmut, ihre freundlichen Blumengesichter. Für mich sind sie Prediger der Liebe, Botschafter des Himmels, die es mit Leichtigkeit schaffen, unsere Herzen zu öffnen. Bei einer Rosenmeditation in einem meiner Seminare hatte eine ältere Teilnehmerin seufzend festgestellt, sich niemals Blumen geschenkt zu haben. Auf diese Idee war sie zeit ihres Lebens nicht gekommen. Der Gedanke, dieses Vergnügen, diese so einfache Freude nachholen zu können, gefiel ihr und sie nahm sich vor, es in der kommenden Zeit zur Herzensangelegenheit zu machen. Sich selbst Blumen zu schenken ist ein wunderbarer Weg, sich Beachtung zu schenken. Ist ein farbenfrohes, zärtliches Geständnis. Ein Liebesbeweis der besonderen Art. Wir verwöhnen uns und versichern uns der eigenen Wertschätzung. Indem wir Blumen sprechen lassen, zaubern wir Liebe in unser Leben. Selbstliebe.

Von der Selbstliebe – "Ich lieb mich, ich lieb mich nicht!"

Vor gar nicht langer Zeit war ich wieder einmal mit dem Zug unterwegs. Und wie es so ist bei einer Zugfahrt, betrachtete ich nicht nur die vorbeieilende Landschaft, die wie ein riesengroßes Gemälde vor meinem Fenster lag, sondern auch die Mitreisenden, die ein- und ausstiegen. Menschen mit freundlichen oder verschlossenen Gesichtern, mit viel und auch mit wenig Gepäck. Einige brachten Ruhe und Frieden ins Abteil, andere dagegen sorgten für lautstarke Unterhaltung. Über drei Stationen hinweg saß eine Frau neben mir und erzählte mir aufgeregt und voller Freude, in Bälde Großmutter zu werden. Vom Bahnsteig aus winkte sie, die Überglückliche, mir noch einmal zu, als würden wir uns schon immer kennen.

Eine Zugfahrt ist ein ständiges Kommen und Gehen. Ähnlich wildbewegt und wechselhaft ist auch unser Leben, jene aufregende Reise, auf der wir ebenfalls den unterschiedlichsten Menschen begegnen. Manche von ihnen bleiben länger in unserem ganz persönlichen Lebenszug, andere nur für kurze Zeit. Wieder andere steigen ein und gleich wieder aus, und wenn wir ehrlich sind, haben wir ihre Anwesenheit kaum wahrgenommen. Und dann gibt es Mitreisende, Lieblingspassagiere sozusagen, die uns wichtiger sind als alle anderen. Warum? Ganz einfach. Weil sie uns mehr bedeuten als der Rest der Welt, wir sie von Herzen lieben.

Nehmen wir an, ich würde Sie bitten, mir die fünf wichtigsten Menschen im Zug Ihres Lebens auf ein Blatt Papier zu schreiben, wer würde Ihnen einfallen? Und wenn ich Sie anschließend bitten würde, mir die Namen der Reihe nach vorzulesen, wäre der Ihre auch dabei? Hoffentlich! Denn der wichtigste Mensch – und ich möchte es genau so absolut ausdrücken – der wirklich wichtigste Mensch auf Ihrer Lebensreise, der Passagier, der von der ersten bis zur letzten Minute an Bord ist und bleibt, das sind Sie! Die Person also, die Ihre unbedingte Achtung und Aufmerksamkeit verdient. Der Trumpf in Ihrer Hand, die Herzdame, der König in Ihrem Spiel.

»Was nützt es einem Menschen, wenn er die ganze Welt gewinnt, dabei aber sich selbst verliert?« heißt es im Lukasevangelium (9,25). Sich selbst verlieren – kein schöner Gedanke, oder? Wer sich auf seiner Lebensreise selbst aus den Augen verliert, der ist verloren. Ist ein Verlierer auf ganzer Strecke. Ein Reisender auf dem Weg ins Unglück.

Nun höre ich gar zu oft, dass Selbstliebe etwas Egoistisches sei. Falsch! Diese Liebe, diese Achtsamkeit uns selbst gegenüber, hat mit Egoismus, Selbstverliebtheit oder narzisstischer Selbstbespiegelung nicht das Geringste zu tun. Ganz im Gegenteil. Diese Liebe ist ein Pfund, mit dem wir wuchern dürfen. Denn sie ist das Fundament unseres Lebens und der Nährboden aller Nächstenliebe. Anders formuliert: Sie ist die Voraussetzung für glückende und glückliche Beziehungen. Und die sind nun einmal das Allerwichtigste auf unserer Reise.

Es gibt ein schönes Gedicht von Conrad Ferdinand Meyer, in dem er, wie ich finde, ein sehr bewegtes und bewegendes Bild vom Vorgang des Gebens und Nehmens zeichnet. Das Gedicht handelt vom Wasser und heißt »Der römische Brunnen«:

Der römische Brunnen
Aufsteigt der Strahl, und fallend gießt
er voll der Marmorschale Rund,
die, sich verschleiernd, überfließt
in einer zweiten Schale Grund;
die zweite gibt, sie wird zu reich,
der dritten wallend ihre Flut,
und jede nimmt und gibt zugleich
und strömt und ruht.

Genau wie diese Marmorschalen, die gar nicht anders können, als ihr empfangenes Wasser an die benachbarten Schalen weiterzugeben, verströmen auch wir jene Liebe, mit der wir uns selbst beschenken, ganz selbstverständlich an unsere Nächsten. Sozusagen überströmend von Liebe werden wir zu Quellen des Segens. Selbstliebe, das bedeutet nicht nur unser eigenes, sondern auch das Leben unserer Mitmenschen zu bereichern und fruchtbar für Gutes zu machen.

Meine Großmutter – eine überaus bescheidene, gemütvolle Frau vom Land, hatte eine Angewohnheit, von der sie sich auch durch noch so viel gutes Zureden nicht abbringen ließ. Wenn wir zu Besuch waren, dann saß sie beim gemeinsamen Mittagessen in der Küche niemals mit uns am Tisch. Ihr Platz, den sie sich ausgesucht hatte, war neben dem Herd, jener Kochstelle, in der noch ein echtes Feuer knisterte. Dort saß sie auf einem niedrigen Holzschemel und hielt schwitzend ihren Teller im Schoß. Schon als Kind hat mich ihr Verhalten gestört, weil es aussah, als wäre sie plötzlich weniger wichtig und wesentlich als der Rest der Familie, eine Art Aschenputtel. Als hätte sie von einem Moment zum anderen vergessen, wer sie ist. »Vergessen«, so schreibt der Dichter Johannes Bobrowski, »ist Mangel an Liebe«. Rückblickend würde ich sagen, dass es meiner Großmutter tatsächlich an Liebe mangelte. Nicht an Liebe zu den Menschen, auch nicht an Liebe zur Schöpfung und ihrem Schöpfer. Aber es mangelte ihr an Selbstliebe. Dieser Liebe, die so unverzichtbar, so lebenswichtig ist. Die uns mit der Geburt allen ins Herz gelegt ist, in Kindertagen dort auch lichterloh brennt, mit zunehmendem Alter aber zusehends erkaltet.

Aus eigener Erfahrung weiß ich nur zu gut, wie unglaublich schwer es sein kann, sich selbst zu lieben. Ja zu sagen zu der Frau, die tagtäglich aus dem Spiegel herausschaut. Sie mit liebenden Augen anzusehen und ihren Wert nicht allein an dem zu messen, was uns allen so wichtig ist im Leben: Leistung und Erfolg, gutes und makelloses Aussehen. Sie vielmehr so zu akzeptieren und anzunehmen, wie sie ist. Und zwar ohne Kompromisse und Bedingungen. Kein: »Wenn ich erst mal das und das geschafft habe, dann, ja, dann bin ich für und endlich nicht mehr gegen mich.« Selbstliebe – das ist das tief eingegrabene Wissen, wertvoll, das Urvertrauen, gut und goldrichtig zu sein. Jetzt höre ich schon die ersten Einwände: So, wie ich bin? So ungenügend und fehlerhaft? Auf gar keinen Fall! – Doch! Die frohe Botschaft lautet: Wir alle, die wir in dieses wunderbare Leben hineingeboren sind, tragen von Anfang an das Prädikat »besonders wertvoll«. Ein Gütesiegel, das uns bis ans Lebensende bleibt. Unabhängig von den Stärken und Schwächen, die wir im Lauf der Zeit entwickeln, von Alter, Aussehen und Kleidergröße. Jeder Mensch ist einmalig und einzigartig, ein absolutes Wunderwerk der Schöpfung. Jeder Mensch trägt einen göttlichen Funken in sich.

Deshalb gebührt dem Menschen im Spiegel – ob die Frisur nun sitzt oder nicht! – unsere ganze Liebe. Es ist unsere wichtigste Aufgabe, unsere heilige Pflicht, hätte ich beinah gesagt, ihn zu würdigen und den Funken Liebe, der in unserem Herzen so müde vor sich hin glimmt, endlich wieder in ein loderndes Feuer zu verwandeln.

Warum sind wir so groß darin, uns kleinzumachen? Warum so voller Ablehnung, wo doch Wertschätzung angebracht wäre? Die Gründe für mangelnde Selbstliebe finden sich oft bereits in der Kindheit. Es gibt eine Geschichte von Adalbert Stifter, die genau das auf einfühlsame Weise beschreibt und die sich mir deshalb unauslöschlich ins Literatur-Herz eingeschrieben hat. Darin erzählt uns der sanfte Dichter aus dem Böhmerwald von einer Frau, der »das wundervolle Ding der Schönheit« fehlt. Kein häufiges Thema in der Weltliteratur. In der Regel sind die Heldinnen hübsch, sehr hübsch sogar. Nicht so Brigitta. Sie ist tatsächlich »hässlich«, wie es im Text heißt, schon als Kind nicht »der schöne Engel«, den sich die Mutter gewünscht hat. Einfallsreich und psychologisch scharfsinnig zeigt Adalbert Stifter auf, wie dieser Mangel, dieses Gefühl, nicht gut genug zu sein, in Verbindung mit familiärer Ablehnung und Lieblosigkeit zu einer frühkindlichen Erfahrung wird, die das Selbstbild der Heldin entscheidend prägt. Ein Trauma, das ihr Leben maßgeblich beeinflusst, das ihr am Ende aber

29

auch die Kraft verleiht, eine große innere Stärke zu entwickeln. Wahrscheinlich liegt mir diese Erzählung so am Herzen, weil ich mich ein Stück weit mit Brigittas Schicksal identifizieren kann. Auch in meinem Leben, auch in meiner Kindheit gab es etwas sehr »Hässliches«, das mich für lange Zeit zur größten Feindin meiner selbst gemacht hat, mich aber gleichzeitig befähigt hat, am Ende weit über mich hinauszuwachsen. Wer mein Buch »Welch unerhörte Lust zu leben – Von großen Flügeln und noch größeren Wunden« gelesen hat, weiß, dass ich mich durch die Erfahrung von Missbrauch in der eigenen Familie zutiefst abgelehnt, meinen Körper regelrecht gehasst habe. Mich selbst zu lieben, mich mitsamt meiner hässlichen Geschichte anzunehmen und ins Herz zu schließen, musste ich mir regelrecht erarbeiten. Manchmal hatte ich das Gefühl, diese Liebe wie eine fremde Sprache, eine fremde Grammatik mühsam erlernen zu müssen, Wort für Wort und Schritt für Schritt. Geholfen auf diesem langen Weg zu mir selbst, diesem Intensivkurs in Liebe, wie ich gern sage, hat mir das therapeutische Sprechen über das Geschehene und auch die »Spiegelarbeit« nach Louise Hay, der großartigen Predigerin der Selbstliebe.

»Spieglein, Spieglein an der Wand!« – Nutzen wir unsere Fantasie für eine Begegnung mit diesem magischen, so zauberischen Glas. Erfinden wir uns eine Geschichte! Nehmen wir an, es ist früher

Morgen, ein neuer Tag beginnt, wir sind gerade aus dem Bett geschlüpft und auf dem Weg ins Badezimmer. Diese duftende Wohlfühl-Oase, in der wir uns waschen und frisieren, putzen und polieren, nach allen Regeln der Kunst »aufhübschen«, wie man heute so sagt. Kaum angekommen, werfen wir ganz selbstverständlich einen Blick in den Spiegel. Genau hier, vor diesem blitzblanken Ding, vor dem wir uns selbst so gern herunterputzen, beginnt jetzt unsere Spiegelarbeit, was zuerst einmal heißt, dass wir eine aufrechte Körperhaltung einnehmen und uns hellwach und ganz bewusst anschauen. Und dann, anders als gewöhnlich, achten wir nicht auf unser Aussehen, vielmehr auf unsere Gedanken. Wir kontrollieren sie, sorgen dafür, dass sie durchweg positiv sind, gut bekömmlich für Körper, Geist und Seele. Schließlich handelt es sich um unser erstes Rendezvous mit unserem Spiegelbild an diesem neuen Tag. Ein ganz besonderer Augenblick also.

Bei Begegnungen mit anderen Menschen, so habe ich einmal gelesen, bewerten wir unser Gegenüber in der Regel innerhalb weniger Sekunden. Der erste Eindruck bekommt keine zweite Chance, sitzt fest wie der Pfahl im Fleisch. Deshalb ist es so wichtig, unseren ersten Blickkontakt an diesem Morgen gedanklich in eine freundliche Richtung zu lenken. Ihn mit jeder Menge guter Energie, einem Schuss Fröhlichkeit aufzuladen. Denn alles, was wir vor dem Spiegel über uns denken, ist Wegbereiter, Weichensteller für den neuen Tag. Unsere Gedanken – machen wir uns das an dieser Stelle noch einmal klar! – sind überaus machtvoll, haben eine nicht zu unterschätzende Wirkung. Je nach Färbung versetzen sie uns in gute oder schlechte Stimmung, stärken oder schwächen uns. Sie allein entscheiden darüber, wie beschwingt oder beschwert wir das Badezimmer wieder verlassen. Ob aufrecht und stolz wie eine Königin oder doch eher geknickt und mit gesenktem Haupt wie eine Bettlerin. Es steht viel auf dem Spiel, wenn wir uns im Spiegel betrachten. Deshalb nutzen wir unsere kleine Fantasie jetzt für nichts anderes als positive Gedanken und tun das, was Menschen mit Herzensbildung und Verstand ganz selbstverständlich tun, wenn sie einander begegnen: Wir schenken uns Achtung und einen freundlichen Gruß. Ein Kopfnicken, ein Lächeln, ein Augenzwinkern, was auch immer. So versetzen wir uns in eine gute, geschmeidige Grundstimmung. Dann schenken wir uns Ansehen. Und zwar im wahrsten Sinne des Wortes, indem wir uns tatsächlich ansehen, tief in die Augen schauen. Unser Blick ist nichts anderes als Zuwendung.

Zuwendung – ein schönes Wort, wie ich finde. Wir wenden uns der Frau im Spiegel zu. Stellen eine Beziehung her. Nehmen Kontakt auf. Lassen den morgendlichen Spiegelblick zum ungestörten Augen-Blick werden, was einer symbolischen Umarmung gleich kommt. Aber Vorsicht! In diese Zweisamkeit mischt sich jetzt überfallartig unser Denken ein. Unsere Gedanken, die, wenn sie ungezähmt und unkontrolliert durch unseren Kopf schießen dürfen, gern als Spielverderber daherkommen. Als übergriffige, nervige Störenfriede. Als Stimme in unserem Kopf, die beim Blick in den Spiegel sogleich verurteilt und bewertet. Diese Stimme gehört der Kritikerin in uns, dieser notorischen Zweiflerin, die gern die Nase rümpft, an uns herummäkelt und lieber nörgelt als lobt. Zuviel Harmonie ist ihr befremdlich. Sie braucht die Spaltung, den Kampf. Im Entzweien ist sie Spezialistin. Ich vergleiche sie gern mit der dreizehnten Fee aus dem Märchen, die nichts als böse Verwünschungen von sich gibt.

Die meisten von uns kennen diese Stimme, die so gnadenlos ungnädig daherkommt und keinerlei Charme versprüht. Die schon am frühen Morgen, kaum, dass wir den Tag begrüßt haben, Katastrophen- und Katerstimmung verbreitet. Die sich einen Spaß daraus macht, uns zu verunsichern, immer neue Zweifel zu säen. Der Spiegel ist ihr Spielfeld, ihre Arena, hier hat sie Heimvorteil, hier läuft sie zu Hochform auf. Meist kommt sie ohne Umschweife zur Sache und impft uns mit der Botschaft, nicht gut genug zu sein. Sie will uns perfekter haben, attraktiver, nicht so zerknittert, vielmehr glatter, straffer, sportlicher, schlanker, freundlicher, engagierter, aufgeweckter – was auch immer ihr so einfällt. Ihre Liste an Verbesserungsvorschlägen ist lang. Und das

Schlimme ist: Je öfter wir ihr lauschen, umso mehr glauben wir ihr. Genau das aber sollten wir vermeiden. Denn fast alles, was sie von sich gibt, führt zu nichts anderem als einem völlig verzerrten, mitunter ruinösem Selbstbild.

Um genau das zu vermeiden, sagen wir ihr an diesem Morgen in unserer kleinen Fantasie den Kampf an. Indem wir vor dem Spiegel stehen und jeden unserer Gedanken kontrollieren, lassen wir sie weder zu Wort noch irgendwie sonst zum Zug kommen. Liebenswürdig lächelnd geben wir ihr zu verstehen, kein Interesse an ihren Herzlosigkeiten und Lieblosigkeiten zu haben, weder Flüche noch Beschimpfungen aus ihrem Mund hören zu wollen. Alle diese schwächenden, zerstörerischen Respektlosigkeiten verbieten wir uns. Natürlich weiß ich aus eigener Erfahrung, wie schwer es ist, dieser »Quasselstrippe« in uns Sprechverbot zu erteilen, weil sie sich fast automatisch zu Wort meldet, sobald wir in den Spiegel schauen. Pfeilschnell kommen sie angeflogen, ihre giftigen Bemerkungen, treffen uns zielsicher und punktgenau mitten ins Herz. Dennoch sind wir ihr nicht hilflos ausgeliefert. Denn mit unseren Denkgewohnheiten können wir brechen. Wie heißt es so schön: »Unser Kopf ist rund, damit das Denken die Richtung wechseln kann« (Francis Picabia). Wir selbst sind die Schöpferinnen unserer Gedanken, wir selbst entwerfen unsere Gedankenwelt. Und zwar an jedem Tag, in jedem

Augenblick. Mit anderen Worten: Weil wir denken können, können wir auch umdenken. Noch anders gesagt: Nichts muss bleiben, wie es ist. Es ist nie zu spät, neu anzufangen. Der stärkste Muskel, den wir haben – vergessen wir das nie! – sitzt in unserem Kopf!

Wir alle haben die Macht, die Kritikerin in uns, diese ständige Querulantin, dieses notorische Klageweib, zum Schweigen zu bringen. Denn wir sind in der glücklichen Lage, unsere Denkprozesse zu steuern. Diesen Satz sollten wir uns mit Lippenstift quer über unseren Badezimmerspiegel schreiben. *Wir können unsere Denkprozesse steuern.* Alles, was uns durch den Kopf geistert, ist verhandelbar. Auch über Jahre hinweg Antrainiertes, selbst die Wiederholung der Wiederholung können wir mit der Kraft unseres Geistes verwandeln. Die Aufgabe besteht einzig und allein darin, es zu tun. Unseren Weg in den Tag an jedem Morgen ganz bewusst mit guten Gedanken zu pflastern. Gedanken zu wählen, die *für* und nicht *gegen* uns sind. Uns im Spiegel zu betrachten und mit der gleichen Pedanterie, mit der wir gern Pickel und erste graue Haare aufspüren, auf unsere positive Selbsteinschätzung zu achten. Nettigkeiten formulieren und keinerlei Beschimpfungen zulassen, keinerlei Verurteilungen. Alles, was wir über uns denken, wird Wahrheit für uns. Wenn wir denken: »Mein Gott, siehst du alt aus!« – dann fühlen wir uns auch alt. Wenn wir denken: »Mein

Gott, siehst du müde aus!« – dann fühlen wir uns auch müde. Solcherart Kränkungen, daran führt kein Weg vorbei, haben Einfluss auf uns.

Sagen wir uns also lieber: »Hey, du bist gut, genau so, wie du bist!« Oder: »Goldstück, du bist großartig! Ich schau dir in die Augen, Kleines und finde dich verdammt erfrischend, auch wenn du ein wenig müde aussiehst!« Nach solchen Freundlichkeiten fühlen wir uns vielleicht nicht wie neugeboren, aber ein wenig jugendlicher und frischer auf jeden Fall. Komplimente an die eigene Adresse, Nettigkeiten also, die wir uns selbst sagen, sind rhetorische Muntermacher, die ihre Wirkung nicht verfehlen. Über kurz oder lang verhelfen sie uns zu einem erhöhten Energielevel und einem gesunden Selbstwertgefühl.

Eines ist klar: Solange wir der Quasselstrippe in uns kein Redeverbot erteilen, raubt sie uns wertvolle Kraft, frisst sie lebenswichtige Energien. Was dazu führt, dass wir uns kurz nach dem Aufstehen schon wieder hundemüde fühlen. Selbst der duftende Frühstückskaffee bringt uns dann nicht auf Tour.

Eine Freundin von mir sagt häufig, wenn sie ins Badezimmer geht: »Ich mach mich nur schnell fertig!« Nein! Genau das wollen wir eben nicht am frühen Morgen. Unser Badezimmer soll ab heute eine Kraftquelle sein, kein Kraftfresser. Und unser Spiegel ein Freudenbringer und keine allmorgendliche Klagemauer. Also: Muster unterbrechen, Gedanken verändern. Behandeln wir uns doch einfach einmal so, wie wir auch jede gute Freundin behandeln würden. Verwöhnen wir uns durch freundliches und respektvolles Sprechen mit uns selbst. Verurteilen wir uns nicht, stärken wir uns lieber den Rücken und verzeihen uns, was nicht so gelaufen ist, wie wir es uns vorgestellt haben. Wir dürfen Fehler machen, dürfen hinfallen und wieder aufstehen. Versichern wir uns, uns trotzdem zu mögen. Reden wir uns gut zu. Trösten und belohnen wir uns. Sagen wir uns: »Macht nichts! Alles kein Problem! Ich bin o. k., so, wie ich bin. Mein Wert bemisst sich nicht an meinen Taten und Erfolgen.«

Natürlich gelingt diese Art der Selbstfreundlichkeit nicht auf Anhieb. Denkmuster und Verhaltensweisen, die wir über Jahrzehnte hinweg entwickelt und trainiert haben, lassen sich nicht von heute auf morgen verändern. Geduld ist das Zauberwort, eine große Portion Ausdauer und Kontinuität. »Geduld bringt Rosen«, sagt ein Sprichwort. Jedes Wachstum braucht Zeit. Selbstliebe ist ein langer, ein lebenslanger Prozess. Wie formuliert es Oscar Wilde so schön: »Sich selbst zu lieben, ist der Anfang einer lebenslangen Leidenschaft.« Deshalb dürfen wir uns an den Tagen, an denen wir uns trotz guter Vorsätze doch mal wieder gründlich den Kopf vor dem Spiegel gewaschen haben, nicht gleich entmutigen lassen. Jeder Morgen ist eine neue Trainingseinheit. Ein Weg der kleinen Schritte. In dem Wort »gescheitert«

versteckt sich das Wort »gescheit«. Selbst wenn wir das Gefühl haben, an manchen Tagen in unsere alten Denkstrukturen zurückzufallen, fallen wir doch nie ganz zurück auf unserem neu eingeschlagenen Weg. Weitergehen. Auch dann, wenn sich plötzlich etwas sträubt und wehrt in uns, weil die Quasselstrippe uns zuflüstert, dass das alles großer Quatsch ist. Weitermachen. Dranbleiben wie der Frühling am Winter. Jeden noch so kleinen Etappensieg feiern. Und selbst dann, wenn längere Zeit nichts gelingt, gütig und liebevoll mit dem Menschen sein, der uns ein Leben lang am nächsten steht: Wir selbst.

Stellen wir uns kurz vor, wie wir mit einer lieben Freundin reden würden, die uns beim Frühstück gegenübersitzt. Auch wenn sie nicht wie ein gerade wachgeküsstes Dornröschen aussieht, wir kämen wohl kaum auf die Idee, in unser Brötchen zu beißen und zu sagen: »Du siehst ja grauenhaft aus heute Morgen! So willst du unter die Leute gehen? Wieder in Ohnmacht fallen wäre wohl die bessere Idee!«

Warum dann diese Herzlosigkeiten uns selbst gegenüber, dieses allmorgendliche Zähnefletschen vor dem Spiegel? Beginnen wir also damit, die schlechte Angewohnheit schlechter Gedanken in die Flucht zu schlagen. Schenken wir uns endlich *die* freundliche Wertschätzung, die wir lange schon verdienen. Die wir, nebenbei gesagt, auch jedem anderen entgegenbringen würden. Lassen wir Komplimente wie Amors Liebespfeile durch die Luft schwirren.

Werfen wir unserem Spiegelbild Kusshände und Vergnügliches zu. Worte, die unsere Lebensgeister beflügeln. Sagen wir: »Wie schön, dich zu sehen! Ich wünsche dir einen zauberhaften Tag! Du bist das Beste, was mir passieren konnte!« Verbeugen wir uns lächelnd vor dem Wunderwerk, das wir sind, vor dem göttlichen Licht, das in uns leuchtet. So, wie wir sind, sind wir goldrichtig. Und zwar in jedem Augenblick, an jedem Tag. Dabei fällt mir eine ältere Seminarteilnehmerin ein, die viel Spaß bei einem Fotoshooting mit einer professionellen Fotografin hatte. Beim Anblick der fertigen Bilder allerdings war sie entsetzt. Denn die Frau hatte ihr, gutmeinend, die Hörgeräte wegretuschiert. »Die gehören zu mir!«, sagte sie und bestand darauf, dass sie in ihre Ohren zurückkehrten.

Erlauben wir uns liebenswerte Verrücktheiten vor unserem Spiegel. »Nieder mit dem Verstand«, hat Karl Valentin gesagt, »es lebe der Blödsinn!« Albernheiten können Herzöffner sein. Eine Bekannte von mir zitiert vor dem Spiegel gern den Ausspruch eines Kollegen, einem Spaßvogel, der einmal quer über den Flur gebrüllt hatte: »Sie sind der Stern in meiner Nudelsuppe!« Auch nicht schlecht.

Wenn es der Quasselstrippe in uns dennoch gelingt, einen ihrer giftigen Pfeile abzuschießen, gelassen reagieren, abwinken und das tun, was jeder Einzeller tut, wenn's unlustig wird: sich wegdrehen. Üben wir uns in der Kunst des Nachgebens. Beugen wir uns kurz zur Seite, um die angriffslustige Bosheit an uns vorbei ins Endlose fliegen zu lassen. Und wechseln wir anschließend zurück in den Flirt-Modus. Letztens erzählte mir ein Freund von seinem dreijährigen Enkel, der ihm mitten im Spiel verraten habe, verliebt zu sein. Auf seine Frage, in wen er sich denn verliebt habe, antwortete der kleine Mensch: »In Du.« Vielleicht sollten auch wir unserem Spiegelbild öfter einmal sagen, dass wir uns »in Du« verliebt haben. Damit meine ich, dass wir uns eine große Portion Heiterkeit vor dem Spiegel schenken. Heiterkeit ist eine Fähigkeit der Seele, eine Kunst, die wir erlernen können. Lächeln wir uns an, auch wenn die Stimme uns zuflüstert, dass es nichts zu lachen gibt. Berauben wir uns nicht unserer Schönheit vor dem Spiegel, indem wir uns nach streng festgelegten Regeln definieren. Jeder Mensch ist eine einmalige Schöpfung. Jeder sieht ein wertvolles Unikat und keine lebensgroße Problemzone, die beschimpft und bekämpft gehört. Wir alle sind Pfundsfrauen. Ob über- oder untergewichtig, groß oder klein, mit langen oder kurzen Beinen, körperlich versehrt oder unversehrt. Beschenken wir uns mit guter Laune und mit Selbstachtung, mit heiterer Selbstbejahung und mit viel Liebe. »Arbeiten« wir daran, ein freundliches und kein faltenfreies Gesicht zu haben. Begrüßen wir die äußeren Zeichen unseres inneren Feuers, unser Temperament, das sich im Lauf der Zeit in unsere

Mimik eingeschrieben hat. Für mich künden Lachfalten von der Qualität unseres Lebens und lassen uns von innen heraus leuchten. Sie gehören zu uns. Und vergessen wir nicht, jedes Lachen, auch das Lachen über uns selbst, schenkt uns die Freiheit, ganz wir selbst zu sein. Wann haben Sie das letzte Mal so richtig herzhaft über sich selbst gelacht? Mir fällt in diesem Zusammenhang eine Geschichte ein, die ich unter »Unvergessliches« abgespeichert habe. Ich war Studentin, auf dem Weg in die Universität, und durchquerte gerade den verschneiten Park. Es war ein frostiger, kalter Morgen und ich trug, passend zu meinem Anorak, schneeweiße Ohrenwärmer, wie sie damals modern waren. Das waren so flauschige, dicke Plüschpummel, die man sich wie einen Haarreif aufsetzte. Im Park, wo ein Denkmal des Philosophen Anselm Feuerbach steht, kam mir ein junger Mann entgegen, nicht viel älter als ich, verdammt gutaussehend. Während wir langsam aufeinander zugingen, trafen sich unsere Blicke. Und da wir beide in Flirtlaune waren, verschmolzen sie regelrecht miteinander. Trotz der Kälte lag ein Knistern in der Luft. Ich weiß noch genau, wie umwerfend ich mich mit meinen schneeweißen Plüschohren fand. Bis sie sich im Augenblick der größten Nähe plötzlich in Bewegung setzten und, ohne dass ich es verhindern konnte, über meinem Kopf zusammenschnickten. Mein Gott, war das peinlich! Im Boden wollte ich versinken, meilenweit, sternenweit entfernt sein!

Heute noch weiß ich, wie sich diese wandernden Ohren angefühlt haben. Und der Name Anselm Feuerbach wird auf ewig mit diesem Augenblick verknüpft sein. Damals bin ich fast gestorben vor Scham. Heute kann ich darüber nur lachen.

Selbstliebe heißt, uns auch dann in den Arm zu nehmen, wenn's mal nicht so gelingt, wie wir uns das vorgestellt haben. Wenn uns das Leben quietschvergnügt einen Streich spielt und wir nicht bis über beide Ohren glücklich sind. Gerade dann aber ist diese Liebe besonders wichtig. Und was sagt die Liebe, wenn sie liebt? Drei Worte nur. Drei kleine und doch so große Worte: Ich liebe dich!

Ein Satz mit Tiefenwirkung. Eine Gefühlsbotschaft, wie Louise Hay fordert, die wir uns tagtäglich vor dem Spiegel sagen sollten, damit sie uns in Fleisch und Blut übergeht. Als ich mit der Spiegelarbeit anfing, was viele Jahre her ist, war dieser Satz für mich die totale Herausforderung, lange Zeit eine absolute Unmöglichkeit. Obwohl es doch nur drei Worte sind und eine lächerlich einfache Satzkonstruktion, Subjekt, Prädikat, Objekt, mehr ist es nicht. Trotzdem wollte mir diese Botschaft partout nicht über die Lippen kommen. Ist doch seltsam, oder? Einem geliebten Du hätte ich sie ins Gesicht sagen können. Aber doch nicht mir selbst! Und schon gar nicht vor dem Spiegel. Allein die Vorstellung, mich mit Namen anzusprechen, den Blickkontakt zu halten und zu sagen: »Petra, ich liebe dich!«, das war unmöglich, zutiefst peinlich! Und so schämte ich mich bei meinen ersten Versuchen regelrecht auf und davon, mit fliegenden Fahnen raus aus dem Badezimmer. Heute kann ich über diese panische Spiegelflucht nur lächeln. Damals allerdings war es alles andere als komisch. Nicht einmal in Gedanken schaffte ich es, den Satz zu formulieren. Da half auch kein Fluchen, kein wütendes Fußaufstampfen und kein Tränenvergießen.

Bei einem meiner Spaziergänge damals fand ich eine Handvoll sehr hübscher Steine, die jemand offensichtlich dort hingelegt hatte, weil er sie nicht mehr haben wollte. Ich nahm sie mit und deponierte den schönsten in meinem Badezimmer auf der Spiegelkonsole. Einfach so. Weil er mir gefiel. Weil ich mir einen solch goldglitzernden Stein immer schon gewünscht hatte. Noch heute liegt er dort, und ich nenne ihn gern meinen Geduldsstein. Denn eines Morgens war es plötzlich soweit. Beim Blick in den Spiegel hörte ich mich tatsächlich sagen: »Petra, ich liebe dich!« Meine Geduld, meine Ausdauer, mein hartnäckiges Dranbleiben hatten sich ausgezahlt. Im Nachhinein kann ich sagen, dass dieser Augenblick bedeutend mehr war als nur ein kleiner rhetorischer Schritt. Er war tatsächlich eine Art Startschuss. Ich durfte erfahren, wie mächtig diese drei Worte sind, mit welcher Kraft sie in uns wirken. In schöner Regelmäßigkeit, wieder und immer wieder formuliert, entpuppen sie sich als wahre Zauberformel. Es ist, als würde das Leben uns diese neu erwachte Liebe spiegeln, als würde es mit Freudensprüngen auf diese positive Schwingung reagieren, uns dafür beschenken und belohnen. Selbstliebe. Selbstfindung.

Ich selbst hatte lange Zeit das Empfinden, mir alles das, was ich mir vom Leben wünschte, hart erarbeiten zu müssen, weil ich tief in meinem Herzen von dem Gefühl durchdrungen war, diese Dinge nicht zu verdienen. Durch die Erlebnisse in meiner Kindheit hatte ich die Grundeinstellung, wertlos zu sein. Erst als ich angefangen habe, eine liebevolle Beziehung zu mir selbst aufzubauen, durfte ich erleben, wie Dinge ganz selbstverständlich auf mich zukamen, mich das Leben mit dem beschenkte, was ich mir so sehnlichst gewünscht hatte. Vieles, was mir schwergefallen war, ging auf einmal leichter, weil ich kühner und selbstbewusster auftrat. Türen, die bis dahin verschlossen waren, öffneten sich plötzlich, weil ich den Mut hatte, anzuklopfen. Menschen kamen auf mich zu, ließen mich erkennen, dass ich ihre Hilfe annehmen darf und nicht alles allein schaffen muss. Ich machte auch die Erfahrung, dass Dinge, die mir bis dahin wichtig erschienen waren, an Bedeutung verloren. Je mehr ich mich selbst mochte, umso weniger beispielsweise beschäftigte ich mich damit, ob mich andere mögen. Ich wurde freier in meinen Handlungen. Authentischer. Mein Hecheln nach fremder Zuneigung hörte auf.

Wenn wir sagen, Selbstliebe zaubert Wunder in unser Leben, dann ist das wirklich nicht übertrieben. Selbstliebe ist wie ein Zaubertrank. Sie verleiht uns ungeahnte Kräfte und mitunter auch Flügel. Das Glück unseres Lebens ist verbandelt mit dieser Liebe. Manchmal dauert es sehr lange, bis wir sie in unserem Herzen erwecken. Aber das Schöne ist: Für diese Liebe ist es nie zu spät. Und wir alle wissen, dass die späten Lieben nicht unbedingt die schlechtesten sind.

Kehren wir zu unserer kleinen Fantasie zurück. Erinnern wir uns: Es ist früher Morgen und wir haben eine Verabredung mit dem Leben. Vor uns liegt ein neuer Tag. Wir wollen ihn voller Begeisterung beginnen. Machen wir uns reich, indem wir uns mit reichlich guten Worten beschenken. Rufen wir uns ins Gedächtnis, was wir schon alles mit Bravour gemeistert haben in unserem Leben. Dabei zählen nicht nur die außergewöhnlichen, großartigen Erfolge, auch die ganz alltäglichen Kleinigkeiten. Wichtig ist, uns ab und zu an Gelungenes zu erinnern und uns dafür Lob auszusprechen. Das Geheimnis des Glücks besteht nicht im Erreichen der Dinge, vielmehr im Genuss derselben. Beglückwünschen und feiern wir uns. Es muss ja nicht immer gleich ein Riesenfest sein. Aber eine Belohnung für etwas, was uns gut gelungen ist, was wir durchgehalten haben, worauf wir mit Recht stolz sind, sollte schon drin sein. Irgend so ein kleines Glück, das wir uns mit

Freude gönnen. Eine Liebhaberei, eine Extravaganz, mit der wir uns Beachtung schenken. Gute Dinge, das wissen wir alle, machen gute Laune. Und diese gute Laune wiederum strahlen wir aus, wir geben sie weiter wie die Brunnenschalen ihr Wasser.

Vertrauen wir der Intelligenz unseres Herzens. Machen wir den liebevollen Umgang mit uns selbst zu einer Selbstverständlichkeit. »Selbstkultivierung« nenne ich das, und auch »Selbstbeglückung«. Vielleicht ist es ja an der Zeit für »eine Rose als Stütze«. Damit meine ich, dass wir uns etwas vor den Spiegel holen, was uns daran erinnert, von heute an auf Vorwürfe, Spottendes, auf jegliches Abwerten unserer Person zu verzichten. Was das sein könnte, wissen wir selbst am besten. Vielleicht ein hübscher Stein oder eine Muschel, die wir aus dem Urlaub mitgebracht haben, ein Foto, ein kleines Kunstwerk, ein Talisman oder auch tatsächlich eine unverschämt rote Rose. Wem die lebendige Rose zu schnell dahinwelkt – wie wäre es mit einer Handvoll getrockneter Blütenblätter, die uns daran erinnern, dass die Zeit der Herzlosigkeit und Selbstablehnung vorbei ist? Dass eine neue Liebe blüht in diesem Raum?

Schön bist du, meine Freundin,
ja, du bist schön.
HOHELIED 1,15

Stellen wir uns eine Königin vor. Wer meine Bücher kennt, weiß, wie gern ich mit dieser Metapher, diesem symbolstarken Bild arbeite. Ich nenne es: »Die Königin in mir.« Für mich ist sie das Gegenteil der inwendigen Kritikerin, jener garstigen Hexe, die sich im Aufzählen von Fehlern und Schwächen großtut, mit Röntgenaugen selbst kleinste Unzulänglichkeiten sucht. Eine Königin ist eine Frau, die dem Leben ein hohes Maß an Sympathie entgegenbringt und die bei dem Wort »schenken« nicht allein an alle ihre Lieben, sondern auch an sich selbst denkt. Sie weiß, wie wichtig es ist, sich selbst Wertschätzung, Aufmerksamkeit und Fürsorglichkeit entgegenzubringen, sich selbst königlich zu lieben. Jeden einzelnen Tag empfindet sie als ein beglückendes Geschenk, jeden Morgen als einen kostbaren Neuanfang. Noch während sie im Bett liegt, gleich nach dem Aufwachen also, überrascht sie sich bereits mit ersten guten Gedanken, die ihre Seele streicheln, weil jede Menge Freude und Dankbarkeit mitschwingen. Eine Königin nutzt den Morgen – und das ist Teil ihrer königlichen Lebenskunst – allein für Motivierendes. Gute Gedanken sind ihr Schlüssel zum Glück, weshalb sie auch vor keinem ihrer blankgeputzten Spiegel in die Selbstzerfleischungsfalle tappt. Kein Platz für Beschimpfungen, Kränkungen und Vorwürfe. Selbstliebe heißt für sie, sich Tag für Tag mit liebevollen Augen zu betrachten und ihre Stärken und nicht ihre Schwächen zu sehen. Wenn es ihr nicht so gut geht, was selbstverständlich vorkommt, ist sie besonders großzügig mit sich selbst. Schönheitsfehler gibt es nicht. Eine Königin weiß, dass Natürlichkeit die Schwester der Freiheit ist. Weshalb sie keine Schönheitskönigin sein muss, keine Vorzeigepuppe, die in ständiger Furcht lebt, nicht makellos, nicht perfekt zu sein. Sie weiß um ihre Einzigartigkeit und Unverwechselbarkeit, fühlt sich auch ohne ihre Kronjuwelen wertvoll. Kosmetische Verzweiflungstaten liegen ihr fern. Alles Künstliche und Unnatürliche ist ihr fremd. Sie ist eine Majestät der Selbstakzeptanz. Schönheit, so ihre Überzeugung, liegt niemals allein im Außen, sondern ganz wesentlich im Innen. Wahre Schönheit ist ein Schatz, der aus der Tiefe glänzt. Das ist das Geheimnis ihrer Attraktivität und Ausstrahlung. Ihre guten Gedanken lassen sie gutaussehen, unabhängig von Ansehen und Alter. Fröhlichkeit und Humor, so sagt sie sich, ist das beste Facelifting.

Eine Königin entwickelt individuelle Strahlkraft und würde deshalb niemals auf die Idee kommen, sich mit anderen Königinnen zu vergleichen. Denn Vergleiche finden im Kopf statt. Die Liebe aber wohnt im Herzen. Sobald sie das Gefühl hat, sich vergleichen zu wollen, bringt sie sich mit dieser Liebe in Berührung, indem sie sich wohlwollend im Spiegel betrachtet. Ständige Selbstkontrolle führt zu Ich-Erschöpfung, das weiß sie, weshalb sie freundlich zu sich und auch zu anderen ist. Sie feiert sich an guten, verwöhnt sich an schlechten und tröstet sich an traurigen Tagen.

Erlauben wir uns das Königinnen-Prinzip. Beginnen wir damit, allmorgendlich die Königin in uns zum Leben zu erwecken. Machen wir den Spiegel zu einem Kraftort. Unser Badezimmer – das kein brutaler Lichtpalast sein muss, in dem man jeden Mitesser sieht – zu einer Oase der Freude, wo wir uns am Beginn eines jeden neuen Tages mit nichts anderem begrüßen, als mit aufmunterndem Spiegelgeflüster. Veredelt vielleicht noch mit einem Lachen, einem Lied auf den Lippen oder einem kleinen Scherz. Wie wäre es mit dem: »Mein Zahnarzt hat gesagt, ich brauche eine Krone. Endlich mal einer, der mich versteht!« Selbstliebe. Das ist das größte Geschenk, das wir uns machen können.

Wenn die Rose selbst sich schmückt,
schmückt sie auch den Garten.
FRIEDRICH RÜCKERT

Im Innenhof meines Hauses, gleich neben dem Eingang zum Badezimmer, steht an der Wand geschrieben: »Das Leben gehört dem, der es genießt.« Von dieser schlichten Wahrheit aus der Feder Giacomo Leopardis lasse ich mich täglich daran erinnern, genussvoll mit mir und meinem Leben umzugehen. In die Liebe hineinzuspringen wie in einen Swimmingpool. Mir gute Worte, gute Gedanken zu schenken, weil sie die Quelle guter Gefühle sind. Mich nicht nur dann zu lieben, wenn alles rundläuft, das Leben mich auf Händen trägt, sondern auch dann, wenn es seine Leichtigkeit wieder einmal verloren hat, wenn Kummer den Alltag dominiert, Gefühle erkalten, Beziehungen ungemütlich werden. Das ist Selbstliebe: eine warme, lebendige Kraft, die uns zuverlässig durchs Leben trägt. Eine Geisteshaltung, die uns innerlich wachsen und äußerlich aufblühen lässt. Die wichtigste Energiequelle, die wir haben, um ein glückliches Leben zu führen. Und genau das verdienen wir alle: ein glückliches Leben. Also: Wer im Badezimmer ein Frauenzimmer mit dem gewissen Etwas sehen will, sollte in den Spiegel gucken!

Frühling II. –
Ein Strauß von Blüten

Vom Eise befreit sind Strom und Bäche
Durch des Frühlings holden, belebenden Blick;
Im Tale grünet Hoffnungs-Glück;
Der alte Winter, in seiner Schwäche,
Zog sich in raue Berge zurück.

JOHANN WOLFGANG VON GOETHE

Womit wir auf unserem Spaziergang durch die Jahreszeiten wieder beim Frühling wären, diesem Freudentanz der Natur, diesem kollektiven Rausch, bei dem jeder Baum und jede Hecke, wie Goethe es ausdrückt, »ein Strauß von Blüten« ist. Und da wir ihn feiern, uns ergötzen wollen an seiner lebendigen Fülle, seiner unbändigen Kraft, verabreden wir uns mit einer seiner schönsten Botschafterinnen. Im luftigen, zartrosa Kleid kommt sie daher, leichten, heiteren Schrittes, eingehüllt in eine süß duftende Wolke. Wie gemalt sieht sie aus. In Japan wird das Ereignis dieser so besonderen Blüte als »Hanami« gefeiert, als Kirschblütenfest. Die Schönheit dieser Pracht ist sprichwörtlich. Ihr mädchenhafter Zauber atemberaubend. Und deshalb gönnen wir uns das Vergnügen einer Begegnung. Schon von Weitem zieht uns der Anblick der blühenden Bäume magisch an. Und kaum stehen wir in ihrem lichten Schatten, verneigen wir uns vor ihrer Schönheit und überlassen uns dem Wohlgeruch ihrer überschäumenden Fülle. Wie von selbst vergessen wir alles, was um uns herum ist, sind nichts als Augenblick, glückselige Gegenwart. Die Zeit scheint still zu stehen. Selbst unser Verstand ist hin und weg von dem Anblick der Millionen Blüten und schweigt. Wir sind reine Empfindung, inniges Gefühl. Weder bemerken wir den Fahrradfahrer, der anhält, um die wogende Pracht zu fotografieren, noch hören wir das aufgeregte Klicken seines Handys. Und als wäre der Blick in diese so üppig blühenden Bäume nicht Glück genug, fährt ein sanfter Windhauch, ein leichter Atemzug nur, in die Zweige, bewegt sie unmerklich und lässt dabei wie in einem Anflug von Heiterkeit Blütenblätter auf uns herabrieseln. Jede Menge Blütenblätter. Wie rosafarbene Schmetterlinge umtanzten sie uns, die wir ganz selbstverständlich unsere Hände öffnen und zuschauen, wie sich einige der Zartgliedrigen hineinlegen. Die anderen flattern zu Boden und legen sich uns zu Füßen.

Die Kirschblüte – berauschende, begeisternde Pracht, die uns Jahr für Jahr zum Verweilen, mehr noch, zur meditativen Betrachtung einlädt. Lächelnd erinnert sie uns daran, die Schönheit der

Natur, diese Quelle allen Lebens, zu feiern. Da sie eine überaus flüchtige, kurzlebige Erscheinung ist, dürfen wir unser Rendezvous mit ihr nicht unnötig hinausschieben. Denn wenn wir zu lange zögern, weil wir immer noch etwas Wichtigeres zu erledigen haben, als ihr zu begegnen, dann könnte sie bei unserer Ankunft bereits entschwunden sein, die Schöne, verblüht, verloschen. Chance verpasst, heißt es dann. Da sind auch die Erinnerungsschnappschüsse vom letzten Jahr kein Trost. Denn nur das unmittelbare Erleben macht wahrhaft glücklich. Manchmal habe ich das Gefühl, dass wir die völlige Hingabe an das Gegenwärtige durch unser ständiges Fotografieren regelrecht verlernen. Letztens erzählte mir eine Klosterschwester, die in Rom gewesen war, dass sie niemals zuvor so viele klickende Handys wie in der Sixtinischen Kapelle gehört habe. Keiner der vielen Besucher habe den Anblick der bemalten Decken andächtig genossen, weil alle mit Fotografieren beschäftigt waren. Und das Erstaunliche daran, hatte sie augenzwinkernd hinzugefügt, wenn man diese Leute später fragt, wie ihnen die Deckengemälde von Michelangelo denn gefallen haben, dann sagen sie: »Oh, die Fotos von Rom habe ich mir noch gar nicht angeschaut.«

Das Schöne an der Kirschblüte also, dass sie ihren tiefen Zauber nur im Genuss des Augenblicks entfaltet. Natürlich haben wir die Möglichkeit, uns im wahrsten Sinne des Wortes ein Bild von ihrer allzu vergänglichen Pracht zu machen, können sie fotografieren, malen, filmen, was auch immer. Trotzdem können wir sie nicht festhalten, nicht besitzen. Wir können sie nur erleben, erfühlen, mit allen Sinnen verkosten. Und das auch nur, wann es ihr gefällt. Denn sie lässt sich nicht planen, nicht einspannen, nicht festlegen und schon gar nicht in unseren Terminkalender eintragen. Wenn sie da ist, ist sie da. Und mit ihr der Duft von Glück.

Sommer I. – Rosenknospen

Wenn der Sommer sich verkündet,
Rosenknospe sich entzündet,
Wer mag solches Glück entbehren?

JOHANN WOLFGANG VON GOETHE

Und siehe da, ehe wir uns versehen, ist es Sommer geworden. Am lichtdurchwebten Himmel schweben aufgeplusterte weiße Wattewölkchen dahin, in den Gärten sind Azaleen- und Hortensienfeuer entflammt, Rosen verströmen schmeichelnd ihren Duft, die Nächte sind seidig warm, die Tage lang und heiß. Das Leben findet draußen statt. Schon früh am Morgen, mit dem Weckruf des Lichts, sind wir auf den Beinen. Am Wegesrand konzertieren Grillen, Lerchen jubilieren hoch in den Lüften, wilde Kräuter duften und die Bäume gefallen sich in einem dunklen Grün. Sommerherrlichkeit. Tage aus Licht und Glanz. Wogende Kornfelder bis zum Horizont. An den Rändern leuchten Klatschmohn und Kornblumen um die Wette, Ackerwinde schlängelt sich von Halm zu Halm. In den Wiesen blühen blassblaue Glockenblumen, wie hineingestreut eine Handvoll Gänseblümchen, völlig zu Recht auch »Tausendschön« genannt. Die Erde unter unseren Füßen ist sonnenwarm und staubtrocken, die Luft erfüllt von Summen und Brummen. Bienen eilen von Blüte zu Blüte, Hummeln machen es ihnen eifrig nach. Sommersonne. Sommerfrische. Unsere Gedanken sind luftig und leicht wie die Kleidung in dieser Jahreszeit. Unser Gang ein Müßiggang. Um uns wohlzutun – ein schönes Wort, wie ich finde, weil das »Wohl« darin an erster Stelle steht –, haben wir die Schuhe ausgezogen und gehen ein Stück barfuß. Schließlich wollen wir den Boden unter unseren Füßen spüren, den Kontakt zur Erde haben.

Um der Melodie unseres Lebens zu lauschen, gönnen wir uns reichlich Pausen. Ruhepausen, die wie Meditation, wie angenehme Schwebezustände sind. Losgelöst von aller Schwere erleben wir rosige Zeiten. Mal logieren wir an murmelnden Bächen, im Schatten alter Bäume, den Rücken an die knorrigen Stämme gelehnt, dann wieder liegen wir der Länge nach ausgestreckt im weichen Gras oder im Moos, blinzeln ins Blau des Himmels, sehen den federleichten Schwalben bei ihren Flugkünsten zu, den Zitronenfaltern, die es leuchtendgelb von Blüte zu Blüte treibt, und genießen es, innerlich weit und immer weiter zu werden. Sommerwonne. Sommerlust. Im Einklang mit der Landschaft – und natürlich auch mit uns selbst! – wächst unser Lächeln, steigt unsere gute Laune. Kindliche Daseinsfreude macht sich breit. Jener fröhliche, unbeschwerte Jubel, der uns allen ins Herz gelegt ist, im Lauf der Zeit aber mitunter leider verstummt. Und doch gibt es Menschen, die sich diese ursprüngliche Lebensfreude, diesen Sommer des Gemüts bis ins hohe Alter bewahrt haben. Sonnige Persönlichkeiten, wie ich gern sage, deren Gegenwart eine Wohltat ist, ein großes Behagen, weil sie die Welt um uns herum allein durch ihre Anwesenheit ein wenig heller und heiterer machen.

Nehmen wir zum Beispiel Hubert, meinen hochgeschätzten, mit Abstand ältesten Freund. Einer meiner erklärten Lieblingsmenschen. Wenn ich ihn mit nur wenigen Worten beschreiben sollte, so würde ich sagen, dass er ein Frohgemuter ist, ein durch und durch positiv Gestimmter. Einer, der Liebe im Blick hat. Ich kann mich nicht erinnern, jemals ein böses Wort, eine Schlechtigkeit über einen anderen Menschen aus seinem Mund gehört zu haben. Ihn zu kennen, ist eine riesengroße Freude, ist Glück und Gewinn. Vor gar nicht langer Zeit hat er seinen neunundneunzigsten Geburtstag gefeiert. Mit ihm, diesem Lichtbringer, der wie das Leben selbst voller Überraschungen steckt, habe ich im Lauf der Jahre Augenblicke erlebt, die sich mir auf ewig eingeschrieben haben. Kleine Geschichten, großes Glück. Gern erinnere ich mich an eine Szene in seinem Garten an einem herrlichen Sommertag. Damals lebte seine Frau noch, Sophie, eine Künstlerin und begnadete Rosenmalerin, die ihr Atelier in einem kleinen Gewächshaus hatte. Unter dem leuchtend blauen Himmel an jenem Tag eine Handvoll kreativer Köpfe, die eben noch gemeinsam Kaffee getrunken und sich angeregt unterhalten haben, nun aber – ausgeschwärmt wie die Bienen – mit Harken und Scheren fleißig umeinanderwuseln. Keiner der Anwesenden hat wirklich Ahnung von Gartenarbeit, aber alle haben Spaß und machen mit. Plötzlich ein Aufschrei. Die Mathematikerin hat eine Entdeckung gemacht. »Auf den Rosen sitzen so komische Viecher!«, ruft sie. Wie auf Kommando unterbrechen alle ihre Arbeit. Von einem Moment zum anderen herrscht Stille im Garten. In diese Stille hinein kommt Hubert ins Spiel, der Held der guten Laune. Auf seine Harke gestützt steht er da, wischt sich Schweißtropfen von der Stirn. »Sind die schwarz?«, fragt er nach kurzem Überlegen. Seine Stimme sachlich und unaufgeregt. Die Entdecke-rin schaut vorsorglich noch einmal nach. »Ja!«, ruft sie. Er nickt wissend. Klare Sache! »Dann haben sie sich wahrscheinlich schwarzgeärgert«, sagt er. Sein Gesicht todernst. Nur die Augen unter den dichten weißen Augenbrauen lachen.

Menschen zu begegnen, die sich ihren Humor und ihr inneres Leuchten bis ins hohe Alter hinein bewahrt haben, ist ein großes Geschenk. Denn ihre Lebensfreude ist ansteckend, und die Liebe, mit der sie gesegnet sind, zaubert uns immer wieder ein Lächeln ins Gesicht. Wer lächelt, das wissen wir alle, feiert den Augenblick. Ich habe einmal gelesen, dass wir dreiundvierzig Muskeln benötigen, um möglichst finster drein zu schauen, aber nur schlappe siebzehn, um zu lächeln. Ein lächelndes Gesicht ist demnach weit weniger anstrengend als ein mürrisches. Was im Umkehrschluss bedeutet: Wer im Alltag Kräfte sparen will, sollte fröhlich sein. Außerdem werden beim Lächeln Endorphine, also Glückshormone, ausgeschüttet, was gut für unsere Gesundheit ist. Fröhlichkeit und Humor sind also heilsame und überaus wünschenswerte Begleiter auf unserem Lebensweg und zudem eine Art Jungbrunnen. Menschen, denen die Freude und die Lust zu leben ins faltige Gesicht geschrieben steht, wirken selbst im hohen Alter noch erstaunlich jung. Begeisterung ist für sie kein Privileg der Jugend, vielmehr ein Zustand, den sie sich bis an ihr Lebensende zu bewahren suchen.

Derart positiv gestimmte Menschen, diese Erfahrung zumindest habe ich gemacht, sind im alltäglichen Umgang mit anderen Menschen angenehm unaufdringlich. Begegnen wir ihnen beim Einkaufen in der Fußgängerzone oder beim Spaziergang im Park, haben sie ein feines Gespür dafür, wer Vergnügen an einem Plauderminütchen hat und wer nicht. Die Ruhelosen lassen sie ziehen. Den anderen aber schenken sie gern ein wenig Zeit. Ich selbst empfinde die Gespräche mit ihnen, diesen Austausch im Vorübergehen, als überaus lebendig und erfrischend. Nicht nur, weil sie über die Herzensgabe Humor verfügen, vielmehr weil sie auch Wert auf Ausgewogenheit und Gegenseitigkeit in einer Unterhaltung legen. Sie monologisieren nicht, sind keine nervtötenden Alleinunterhalter. Ihr Interesse gilt nicht nur den eigenen, sondern auch den Geschichten ihres Gegenübers. Weshalb sie gern Fragen stellen und geduldig zuhören können.

Natürlich sind auch diese Frohnaturen leidgeprüft, von Kummer und Schicksalsschlägen nicht verschont. Wie heißt es so treffend: »Unter jedem Dach wohnt ein Ach!« Und doch bleiben sie in keinem Tief stecken, nisten sich im Elend nicht ein. Ihre Grundstimmung ist und bleibt eine positive. Einer Sonnenuhr nicht unähnlich, zählen sie auch in düsteren Zeiten die sprichwörtlich heiteren Stunden. Ich nenne diese Menschen, die einem das Leben erleichtern, ohne es tatsächlich leichter zu machen, gerne die Leichtfüßigen. Dabei fällt mir wieder Hubert ein, mein hochbetagter Freund. Als er nach einer Hüftoperation einen Teil seiner Beweglichkeit eingebüßt hatte, war das Einzige, was er gesagt hat, als ich ihn in der Reha-Klinik trösten wollte: »Wenn ich über die Steine auf meinem Weg nicht mehr hüpfen kann, dann muss ich eben drum herum humpeln.«

Nun gibt es aber auch Zeitgenossen, bei denen von positiver Stimmung, Begeisterung fürs Leben so gar keine Rede sein kann. Ich meine die chronisch Übelgelaunten, die Miesepeter, denen alle Fröhlichkeit aus dem Gesicht gefallen zu sein scheint. Weder beseelt noch beflügelt, vielmehr ausgestattet mit einem Übermaß an Unzufriedenheit, hat der Jubel in ihrer Brust schon lange keine Chance mehr. Gute Gefühle und gehobene Stimmung scheinen in ihrer Welt nicht zu existieren. Schon von Weitem erkennen wir sie an ihren heruntergezogenen Mundwinkeln. Sonne im Herzen? Fehlanzeige! Positive Ausstrahlung? Gleich Null! Ob wir ihnen im Park oder in der Fußgängerzone begegnen, sogleich beginnen sie damit, ihr leidvolles Leben vor uns auszubreiten. Wehe, wenn sie losgelassen! Bis zur Erschöpfung – wohlbemerkt bis zu unserer Erschöpfung! – ergehen sie sich in Klagen. Im Gegensatz zu den Leichtfüßigen befinden sie sich in einer Dauerschleife ständiger Frustration. Von der Sonnenseite des Lebens, der dolce vita, dem »Freut euch zu jeder Zeit!« (Phil 4,4) keine Spur. Sie sind Leidende auf der ständigen Suche nach Leidensgenossen. Traurige Trauerklöße, die sich in ihrem Elend wunderbar eingerichtet haben. Meist sind sie völlig humorlos und verziehen auch bei scherzhaft gemeinten Bemerkungen keine Miene. In den Psalmen, diesem Jahrtausende alten Wortweisheitsschatz, gibt es die schöne Formulierung, dass sich der Mund mit Lachen füllt (Ps 126). Während wir gern und oft lachen, kneifen sie die Lippen zusammen. Sie wollen keine Aufbesserung ihrer schlechten Laune, keine Frohgefühle. Weshalb sie mit Witzen oder anderem blühenden Unsinn so gar nichts anfangen können. Dabei hat Lachen mit Lebenslust zu tun, möchten wir ihnen zurufen und hinzufügen, dass sich das Wort »Humor« vom lateinischen »Humus« ableitet, der Humor also eine durchaus fruchtbare Angelegenheit ist, eine Art Dünger. Aber genau diesen Dünger verschmähen sie, diese traurigen Pflänzchen, die nur bei einem einzigen Thema wirklich aufblühen, ihrem Lieblingsthema: Krankheit. Da kommen sie so richtig in Schwung. Ungefragt werfen sie uns ihre Zahn- und Gelenkschmerzen, ihre Rücken- und Knieprobleme um die Ohren. Ob es uns interessiert oder nicht, ist ihnen schnauzegal. Eine Variante ihres Leib- und Magenthemas, bei dem sie ebenfalls nicht aus der Puste kommen, sind die Leidensgeschichten anderer Unglücklicher, Menschen, die wir nicht kennen und die wir, wenn wir ehrlich sind, auch gar nicht kennenlernen wollen. Aber auch das interessiert sie nicht. Ich vergleiche diese Menschen gern mit Schmarotzerpflanzen, der Mistel zum Beispiel, dieser kugelförmigen »Räuberin«, die sich von Baum zu Baum schleicht und ihren »Opfern« wertvolle Energie absaugt.

Um es noch einmal ganz deutlich zu sagen: Ich rede hier nicht von Mitmenschen, die wirklichen

Kummer haben, die in Bedrängnis geraten oder erkrankt sind. Menschen, die der Schmerz »müd« gemacht hat, wie es in einem Gedicht von Stefan George heißt, und die das Bedürfnis haben, uns von diesem Leid zu erzählen. Diesen Unglücklichen, diesen vom Schicksal Gezeichneten schenken wir ganz selbstverständlich unser Mitgefühl, unsere ganze Aufmerksamkeit und Worte, die von Herzen kommen, die trösten, helfen und stärken. Nein! – ich rede hier von impertinenten Energieräubern, die sich im »Nörgel-Modus« gefallen, die keinen einzigen positiven Gedanken formulieren, und die uns – wie ihre Mundwinkel! – einfach nur runterziehen wollen. Notorische Griesgrame, die jegliches gute Lebensgefühl verloren haben, uns wertvolle Kraft stehlen, und die uns mit ihrem respektlosen Monologisieren sehr deutlich zeigen, wie gleichgültig wir ihnen letztendlich sind, wie austauschbar ihre Zuhörer. Dabei möchte ich betonen, dass es nicht die Menschen sind, die ich ablehne, vielmehr ihr unsägliches Verhalten. Aus einer Laune heraus habe ich sie »Spiegeleier« genannt. Eine Wortschöpfung, zu der mich das Märchen »Die Schneekönigin« von Hans Christian Andersen inspiriert hat. Darin besitzt der Teufel einen Spiegel mit diabolischer Kraft. Einen Zerrspiegel, der alles Gute und Schöne in der Welt zu nichts zusammenschrumpfen lässt, alles Hässliche und Schlechte dagegen größer und immer größer macht. Durch ein Missgeschick des Teufels, der selbst im Himmel sein garstiges Unwesen treiben will, stürzt der Spiegel auf die Erde und zerspringt in Millionen und Abermillionen Teilchen, von denen einige unglücklicherweise in den Augen der Menschen landen. Was dazu führt, dass die Betroffenen nur mehr das Schlechte und nicht mehr das Gute in der Welt sehen und dementsprechend unter einer nicht enden wollenden Unzufriedenheit leiden. Da mir die Idee mit dem Spiegel und der verzerrten Wahrnehmung gefällt, und das Auge im Englischen »Eye« (ausgesprochen »Ei«) heißt, habe ich für alle notorischen Schlecht- und Schwarzseher den Begriff »Spiegeleier« gewählt.

Es gibt sie überall, auch in unserer nächsten Umgebung. Begegnungen im Alltag lassen sich deshalb kaum vermeiden. Ich selbst war diesen Menschen lange Zeit regelrecht ausgeliefert. Im Nachhinein für mich kaum vorstellbar, und doch ist es so gewesen. Wenn ich ihnen in der Fußgängerzone begegnet bin, dann gab es für mich kein Entkommen. Wie gelähmt, wie hypnotisiert habe ich vor ihnen gestanden und ihre Ergüsse wie ein Sommergewitter über mich hinwegziehen lassen. Dabei habe ich die Faust in der Tasche gemacht und meine Empörung heruntergeschluckt. In dem Wort »Empörung« schwingt interessanterweise das Wort »empor« mit. Empörung, das ist mir leider erst viel später klargeworden, ist eine exzellente Energiequelle, um initiativ zu werden. Will heißen, nicht länger, so wie ich es gemacht habe, auf einen heimlichen Retter zu hoffen, einen Helden wie Lohengrin, der durch die Fußgängerzone gesegelt kommt und mich in seinem weißen Schwan davonträgt. Nein! – Empörung ist eine Kraft, die wir nutzen können, um uns bildlich gesprochen am eigenen Schopf empor zu ziehen, um uns selbst »aus dem Sumpf« zu befreien. Eine Befreiung, die damit beginnt, dass wir uns innerlich und äußerlich aufrichten.

»Aufrichten«, auch das ein interessantes Wort, hat etwas mit »Aufrichtigkeit« zu tun. Anstatt unsere Empörung herunterzuwürgen wie eine bittere Pille, sollten wir sie als Schubkraft nutzen, um unser fehlendes Einverständnis zu formulieren und unserem Gegenüber Grenzen zu setzen. Wie gesagt, ich selbst habe mich von »Spiegeleiern« über eine geraume Zeit hinweg regelrecht vereinnahmen lassen. Es hat lange gedauert, bis ich verstanden habe, dass mein Verhalten mit meiner Vergangenheit zu tun hatte. Durch die Erfahrung von Missbrauch in Kindertagen gab es ein antrainiertes Muster in mir, das wie ein Automatismus funktionierte und mir jede Art von Abgrenzung und gesunder Aggression verbot. Augen zu und durch, lautete der Auftrag, bloß nicht wehren, Zähne zusammenbeißen und immer schön lächeln! Zeit der Reife hieß für mich, mit dieser Angststimme in Kontakt zu kommen. Und das wiederum bedeutete, das hilflose, eingeschüchterte, aber auch hochgradig zornige Kind zu entdecken, das sich hinter meiner tadellos lächelnden Fassade versteckte. Mich an dieses Kind heranzutasten, es in den Arm zu nehmen und emporzuheben. Mich gemeinsam mit ihm aufzurichten, aufrichtig zu sein. Und das hieß, nicht länger stillzuhalten, auszuhalten, mich nicht länger in Beschlag nehmen zu lassen. Ende der Duldsamkeit. Noch drastischer formuliert: nicht länger wie ein dressierter Pudel Männchen zu machen. Weshalb ich mir seinerzeit eine Taktik ausgedacht habe, die es mir ermöglicht hat, mir »Spiegeleier« schlichtweg vom Leib zu halten. Gemeinsam mit einer Freundin habe ich diese Taktik nicht ohne einen Schuss Fröhlichkeit »W u w!« genannt. Was wie das Bellen eines Hundes klingt, ist die Abkürzung einer Handlungs-Maxime, die »Winken und weiter!« bedeutet. Eine Art Rettungsmanöver, zu dem ich eine Prise eisernen Willens brauchte. Denn das ängstliche Daisy-duck-dich-Kind, das nach wie vor in mir lebte, war immer wieder geneigt, stehen zu bleiben, stillzuhalten, zuzuhören und zu lächeln, anstatt mit leidenschaftlicher Entschlossenheit die Zähne zu zeigen.

In der Anfangszeit, ich erinnere mich gut, ist mir das »W u w« trotz redlichen Bemühens deshalb nur selten gelungen. Während meine Füße tapfer weitergehen wollten, hämmerte in meinem Kopf die altbekannte Stimme die altbekannten Sprüche: »Das kannst du unmöglich machen!« »Was sollen denn die Leute von dir denken!« »Höflichkeit ist eine Zier!« und so weiter. Verunsichert von diesem rhetorischen »Bombenhagel«, zudem von Stresshormonen überflutet, verlangsamte ich meinen Schritt, zögerte – und zögerte am Ende genau eine Sekunde zu lang. Mein Gegenüber, irgendsoein Muffelkopf mit Leichenbittermiene, dem ich so gern entgehen wollte, bemerkte meine Unentschlossenheit und nutzte die Gelegenheit, mich anzusprechen. Und schon war die Falle zugeschnappt.

Apropos »Falle«. Ich erinnere mich noch gut an meinen ersten Schulweg, als eines Morgens an der grauen Betonwand eines ehemaligen Bunkers mit Kreide der Satz geschrieben stand: »Wer das liest, ist doof.« Genauso, wie ich damals immer wieder in diese »Doof-Falle« getappt bin, weil ich den Satz – obwohl ich es eigentlich nicht wollte – am Ende doch wieder gelesen habe, landete ich jetzt in der »Spiegeleier«-Falle. Kein Entkommen, stattdessen nur der Trost, es beim nächsten Mal besser zu machen. Aber die Sache mit dem nächsten Mal hat so ihre Tücken. Wenn wir tatsächlich etwas verändern möchten in unserem Leben, wenn wir nicht länger Opfer, Spielball in den Händen anderer sein wollen, dann hilft dieses Vertrösten nicht. Denn der richtige Moment zum Handeln, das wissen wir alle, liegt niemals in der Zukunft, sondern immer im JETZT!

Ich selbst hatte damals viel Geduld mit mir – und habe es auch heute noch. Schließlich ist unser aller Leben ein Erfahrungsweg, auf dem wir Fehler machen dürfen. Allerdings sollten es nicht wieder und wieder dieselben Fehler sein, wir nicht permanent in irgendwelchen »Doof-Fallen« landen. Deshalb sollten wir es uns zur Gewohnheit machen, das gewünschte Handeln zu üben. Ins Tun kommen. Da wir mit der Wundergabe Fantasie ausgestattet sind, können wir uns überlegen, wie es uns gelingt, uns spielerisch dabei zu unterstützen.

Eine Bekannte, die ebenfalls keinen Wert auf den Kontakt mit »Spiegeleiern« legt, hat mir einmal folgenden Trick verraten: An manchen Tagen, wenn sie durch die Stadt schlendert und das Gefühl hat, sich vor diesen Begegnungen schützen zu müssen, stellt sie sich vor, sie sei eine Tierfotografin, die in freier Wildbahn irgendwo im Gebüsch hockt und nur darauf wartet, endlich »Klick« zu machen. Sobald ein Exemplar der ungeliebten Spezies in ihrem Gesichtsfeld auftaucht, drückt sie in ihrer Fantasie den Auslöser. Was zur Folge hat, dass sie sich wie auf Knopfdruck aufrichtet und Haltung annimmt. Haltung annehmen heißt, sich selbst zu spüren, sich der eigenen Energie bewusst zu werden. Und diese Energie, diesen Kraftstrom aus der Tiefe als Triebfeder zu nutzen, um aus der passiven Rolle in die aktive zu wechseln, aus der Ohnmacht in die Eigenmacht.

Vom Nein-Sagen

Stress, so habe ich einmal gelesen, entsteht, wenn wir »Ja« sagen, obwohl wir »Nein« denken. Ich habe eine Freundin, eine zutiefst liebenswerte Person, die ich zur Riege der »Kümmerlinge« zähle. Das sind für mich Menschen, die gar nicht anders können, als sich für alle und alles verantwortlich zu fühlen und sich dabei oft selbst aus den Augen verlieren.

Der Dichter Wolfgang Borchert hat dafür ein wunderbares Bild gefunden: »Ich möchte Leuchtturm sein ... für jedes Boot und ich bin doch selbst ein Schiff in Not.« Eines Tages, während eines Spaziergangs, fiel mir auf, wie schwerfällig meine Freundin ihre Schritte setzte. Beinah so, als hätte ihr jemand über Nacht Gewichte angehängt. Auf meine Frage, ob alles in Ordnung sei, nickte sie nur. Die Bewältigung ihres Alltags sei nicht ganz so einfach im Moment, hieß es, dennoch habe sie »alles im Griff«. Eine Redewendung, bei der ich stets hellhörig werde, weil mich das Gefühl beschleicht, dass uns genau dann, wenn wir »alles im Griff« haben, die Hand fehlt, um uns selbst Gutes zu tun. Wir waren bereits eine Weile gelaufen, als sie plötzlich stehenblieb und sich eingestand, wie sehr ihre momentane Lebenssituation, der »ganz normale Wahnsinn«, wie sie sich ausdrückte, tatsächlich ihre Kräfte überstieg. Je länger sie mir davon erzählte, umso klarer wurde ihr, dass es höchste Zeit war, sich von einigen ihrer vielen »Baustellen« zu verabschieden, Dinge loszulassen, Aufgaben zu delegieren, Grenzen zu setzen und an den richtigen Stellen konsequent Nein zu sagen. Ein Wort, das ihr, wenn es darum ging, anderen zu helfen, immer schon schwerfiel und dessen Gebrauch sie, wie sich in der nächsten Zeit herausstellte, tatsächlich regelrecht erlernen musste.

Ja, die Sache mit dem Nein ist nicht immer so ganz einfach. Erlauben wir uns eine kleine Fantasie. Nehmen wir an, jemand bittet uns um eine Gefälligkeit, formuliert eine freundliche Frage, auf die wir, wenn wir ehrlich sind, dennoch gern mit einem Nein reagieren würden. Aus dem einfachen Grund, weil es uns schlichtweg zu viel ist, was da von uns verlangt wird, weil es uns überfordert, wir im Moment kaum Zeit haben, jemand anderes es bedeutend leichter und schneller erledigen könnte oder, oder, oder. Trotzdem hören wir uns Ja sagen. Warum? Vielleicht, weil sich sofort das schlechte Gewissen regt, wenn wir einem lieben Menschen eine Bitte abschlagen. Oder weil unser Pflichtgefühl uns treibt, wir nett sein wollen, wie es sich für freundliche, hilfsbereite Mitmenschen gehört. Weil wir zeigen möchten, dass wir Taktgefühl und Herzensbildung besitzen, wohlerzogen und anständig sind und gern die Erwartungen unseres Gegenübers erfüllen. Kurz gesagt: weil wir gefallen möchten, Angst vor Ablehnung und Zurückweisung haben. Wir alle sehnen uns nach Anerkennung und Liebe. Und – ganz wichtig – wir alle sehnen uns nach Zugehörigkeit. Weshalb wir in diesen gewissen Momenten ein unaufrichtiges, halbherziges, ungeliebtes Ja formulieren, über das wir uns bereits nach kürzester Zeit ärgern. Und auf das wir, wenn wir Pech haben, weil es immer wieder vorkommt, auch körperlich reagieren, mit Kopfschmerzen, Magenschmerzen, Nackenverspannungen – was auch immer. Das Wort Nein ist ein überaus sinnvolles und wohltuendes Wort. Ein Wort, dessen souveräne Anwendung wir – dem Himmel sei Dank! – auch im fortgeschrittenen Alter noch erlernen können. »Ich kenne alles, nur mich selbst nicht«, hat der Dichter Francois Villon gesagt. Aber genau das ist die wichtigste Aufgabe im Leben eines jeden Menschen: Den Fokus auf Wachstum und Selbsterkenntnis zu legen.

Das bedeutet: nicht um des lieben Friedens Willens ein Ja sagen, wo ein Nein angebracht wäre. Nicht alles annehmen, was an uns herantragen wird. Kein ständiges Zusammenreißen, kein heldenhaftes Durchhalten, kein »Ich schaff' das schon!«, selbst wenn wir kaum noch können. Vielmehr auf die innere Stimme hören, jene Weisheitsstimme, die uns zur Aufrichtigkeit ermahnt, weil sie sehr genau weiß, welche Antwort sich in welchem Moment gut und richtig anfühlt. Ihr dürfen wir vertrauen. Mit ihrer Hilfe können wir konsequente und ehrliche Entscheidungen treffen.

Nun gibt es viele Situationen, in denen unser Nein auf eine harte Probe gestellt wird. Ich selbst habe einmal folgende kleine Begebenheit erlebt: Nach einem meiner Literatur-Seminare war ich beim Verlassen des Raumes von einer Teilnehmerin angehalten und gefragt worden, ob ich bereit wäre, auch einen privaten Literaturkreis zu leiten. Da ich zeitlich ausgelastet war, gab ich, ohne lange zu überlegen, die für mich einzig richtige Antwort. Nach kurzer Erklärung sagte ich in aller Deutlichkeit »Nein!«. Genau genommen wäre das Gespräch an dieser Stelle zu Ende gewesen. Wir hätten uns höflich voneinander verabschiedet und unsere Wege sich getrennt. Stattdessen aber flog mir, wie aus der Pistole geschossen, eine zweite Frage entgegen: »Aber warum denn nicht?« In der eben noch freundlichen Stimme der Dame schwang jetzt ein unüberhörbares Schmollen mit. Auch schob sie ein wenig beleidigt die Unterlippe über die Oberlippe. Also erklärte ich ihr meinen Standpunkt erneut. Aber auch das beendete unseren Schlagabtausch nicht. Denn jetzt verlegte sie sich aufs Betteln, versicherte mir, wie sehr sie und ihre Freundinnen sich über einen privaten Literaturkreis freuen würden. Da ich bei meinem Nein blieb, fuhr sie ein nächstes rhetorisches Geschütz auf – sie übte sich in der Kunst der Überredung, begann mir alle Vorteile aufzuzählen, die sich für mich daraus ergeben würden. Am Ende ihrer Ausführungen legte sie mir recht effektvoll die Hand auf den Arm und »fütterte« mich, um mich endgültig umzustimmen, mit einigen Schmeicheleinheiten. Dabei sprach sie nicht mehr mit schmollendem Unterton, vielmehr wie der Wolf im Märchen mit geschmeidiger Kreidestimme: »Aber Sie machen das immer so schön!«

»Wir kennen niemanden, der das so gut macht wie Sie.« Das sind die Momente, die gefährlich, ja verführerisch sind. Denn wir alle mögen Anerkennung. Wir alle lieben es, gelobt zu werden. Lob lässt uns innerlich wachsen, sorgt dafür, dass wir uns von einem Moment zum anderen wertvoll und wichtig fühlen. Also Achtung! Nicht durch gezielt eingesetzte Lobhudelei zu einem Ja verleiten lassen, das wir, kaum ausgesprochen, schon bitterlich bereuen.

Da die Schmeicheleien der Dame nicht zum Ziel führten, versuchte sie es mit einer alternativen Variante, der Mitleidstour. Von einem Moment zum anderen wirkte sie plötzlich wie erschöpft, der Klang ihrer Stimme gequält bis vorwurfsvoll. »Aber wir brauchen Sie doch! So herzlos können Sie nicht sein!«

Wenn wir auch jetzt nicht schwach werden, vielmehr standhaft bei unserem Nein bleiben, heißt es besonders aufzupassen. Denn als letzten Trumpf, als ultimative Steigerung sozusagen, kommt, wie auch bei jener hartnäckigen Dame geschehen, gern die Erpressertour ins Spiel. Formulierungen, die so oder so ähnlich klingen: »Ohne Sie schaffen wir das nie! Sie sind unsere letzte Rettung! Wir haben so auf Sie gebaut, Sie können uns doch unmöglich im Stich lassen!«

Ich bin übrigens, um die kleine Episode abzuschließen, als Sieger aus dem »Kampf« hervorgegangen und habe mein Nein durch alle Runden hindurch gerettet. Wichtig in solchen Situationen scheint mir, die Strategien zu entlarven, mit denen andere versuchen, uns unter Druck zu setzen oder um den Finger zu wickeln. Dafür brauchen wir einen Moment Zeit. Deshalb kann es guttun, nach einer Frage zuerst einmal tief durchzuatmen, sich innerlich zu dehnen, um zu spüren, was da eigentlich gerade passiert. Und die kleine Verschnaufzeit nutzen, um sich zu fragen, ob man das, was da von einem verlangt wird, auch wirklich will, wirklich, wirklich, wirklich will. Dann lauschen wir mit Bedacht der wichtigsten Instanz, die wir haben, unserer Intuition, unserer inneren Weisheitsstimme, die sich, wenn wir es zulassen, auch unverzüglich und ohne zu zögern zu Wort meldet. Unabhängig von den Argumenten des Verstandes weiß sie sehr genau, welche Antwort uns guttut und welche uns schadet, was richtig und was falsch ist in diesem Moment. Formulieren wir auf ihren Rat hin ein klares, knackiges Nein, dann hat das seine hundertprozentige Berechtigung. Und das wiederum heißt, dass wir uns dafür nicht rechtfertigen müssen, nicht aus Unsicherheit immer neue Weil-Sätze formulieren müssen, in denen wir uns am Ende wie ein Schwimmer in einem Dickicht von Schlingpflanzen verheddern. Wir dürfen darauf bestehen, Dinge nicht erklären zu müssen. Auch wenn die andere Seite uns mit hochgezogenen Augenbrauen und einem unübersehbar blinkenden Fragezeichen auf der Stirn anschaut. Wir haben gute Gründe für unser Nein – und damit Basta. Schluss. Aus. Ende! Diesen Moment der Irritation, vielleicht auch der peinlichen Stille auszuhalten, ist nicht immer ganz einfach. Aber das Üben lohnt. Es gibt den schönen Ausdruck: »sein Wort halten«. Wenn wir laut und deutlich Nein zu einer Sache gesagt haben, dann ist es unsere Pflicht, diesem Nein auch die Treue zu halten und es nicht im Nachhinein, nur weil die andere Seite bittet und bettelt, schmollt oder schmeichelt, gleich wieder zu verraten und zähneknirschend zurückzunehmen. Ein Nein ist ein Nein, so wie eine Rose eine Rose ist.

In einer Studie, in der man alte Menschen danach befragt hat, was sie in ihrem Leben am meisten bereuen, gestand die Mehrzahl, dass sie sich wünschten, authentischer gewesen zu sein. Mehr Treue und Gewissenhaftigkeit sich selbst gegenüber, mehr Entschlossenheit, nicht nur die Bedürfnisse der anderen, vielmehr auch die eigenen zu erfüllen. Und das heißt im Klartext, dass sie gern öfter mal Nein gesagt hätten. Dabei fällt mir eine Situation ein, die ich vor vielen Jahren mit einer Freundin in der Düsseldorfer Altstadt erlebt habe. Wir waren Studentinnen damals und hatten in unserer Stammkneipe gesessen, vertieft in ein Gespräch, ein »Herzensgespräch«, wie ich es nenne, eine Unterhaltung, bei der die Themen nicht an der Oberfläche dahindümpeln, vielmehr mächtig in die Tiefe gehen. Während ich konzentriert zuhörte, sah ich plötzlich aus dem Augenwinkel jemand an unseren Tisch kommen. Beim Aufschauen entfuhr mir ein Überraschungslaut. Denn vor mir stand eine ehemalige Klassenkameradin, die ich seit der Schulzeit nicht mehr gesehen hatte. Im Schnelldurchgang tauschten wir einige Erinnerungen aus, bis sie unvermittelt fragte, ob sie sich zu uns setzen dürfe. Ehe ich reagieren konnte, antwortete meine Freundin am Tisch, und sie tat es in einem Ton, der keine Widerrede duldete und mich vor Schreck die Luft anhalten ließ. »Nein!«, sagte sie. Mehr nicht. Ich selbst, die ich damals die personifizierte Höflichkeit war, konditioniert darauf, in erster Linie zu gefallen, zuckte unter diesem Pistolenschuss regelrecht zusammen. Ich war schockiert, entsetzt. Niemals hätte ich mich das gewagt. Allenfalls hätte ich dieses Nein gedacht, aber auf gar keinen Fall laut ausgesprochen. Kein Wunder also, dass ich in Alarmbereitschaft war und nach dieser knappen und eiskalten Ablehnung mit einer Zuspitzung der Situation rechnete. Einem Eklat, in dem es meine Aufgabe war, zu vermitteln. Und ich weiß noch, wie erstaunt ich war, als sich alles ganz anders entwickelte, denn keine meiner Befürchtungen traf ein. Weder verwandelte sich der Tisch in einen Kampfschauplatz, noch wurden die beiden Frauen zu ausgemachten Rivalinnen, zu »Hyänen«, wie es bei Schiller heißt. Stattdessen schauten sie sich an und wechselten einige wenige Worte miteinander. Es war ein respektvoller, offener Umgang, eine Begegnung auf Augenhöhe. Meine Freundin am Tisch erklärte, eine dritte Person als Störung zu empfinden, weil es sich bei dem Gespräch, auf das sie sich den ganzen Tag gefreut habe, um ein sehr persönliches handele. Meine ehemalige Schulkameradin zeigte dafür Verständnis und verabschiedete sich, ohne viele Worte zu machen, wünschte uns einen schönen Abend und ging. Das Verhalten der beiden Frauen, die radikale Ehrlichkeit der einen und die selbstverständliche Akzeptanz der anderen haben mich an jenem Abend nachhaltig beeindruckt. Natürlich hätte meine Schulfreundin zutiefst beleidigt, empört und gekränkt sein können, dass wir ihr den Platz an unserem Tisch verweigerten. Aber offensichtlich konnte sie mit diesem Nein problemlos umgehen. Weil sie es aus der Situation heraus und nicht als persönlichen Affront, als Ablehnung ihrer Person interpretiert hatte. Sie hatte gespürt, dass dieses Nein mit den Gefühlen und Wünschen der Sprecherin übereinstimmte, etwas mit Wertschätzung sich selbst gegenüber zu tun hatte. Das machte die andere authentisch und sympathisch. Und so respektierte sie deren Gefühle und damit auch das etwas heftig ausgefallene Nein in diesem Moment.

Sommer II. – Wolkenweiß

Zupf dir ein Wölkchen aus dem Wolkenweiß,
Das durch den sonnigen Himmel schreitet.

JOACHIM RINGELNATZ

Mittlerweile ist es Hochsommer geworden. Die heißeste Zeit des Jahres. Die Sonne brennt uns auf der Haut. Rot wie Blut leuchten Himbeeren und Johannisbeeren in den Büschen. Die lichtdurchflutete Landschaft hat sich aufgeheizt, glüht und flimmert, kein Windhauch regt sich. Der weite, hohe Himmel trieft von Blau. In den Vorgärten duftet der Oleander aus tausendfacher Blüte, Farne strecken ihre weichen, zarten Wedel aus, Lilien betören durch ihre unfassbare Schönheit. Das Gehen in der Hitze fällt schwer. Weshalb wir aufatmend in die kühle Umarmung eines Waldes eintauchen.

Ein Sommerwald ist ein Ort voller Magie und Schönheit. Eine Art Zauberwald mit einem hinreißenden Spektrum, einem beeindruckenden Nebeneinander und Ineinander von Grüntönen, der je nach Lichteinfall sein Gesicht verändert. Für die

Romantiker war er ein bevorzugter Ort der Gottesbegegnung. Ein grünes Heiligtum, eine sinnliche Offenbarung. Voller Ehrfurcht haben sie ihn besungen und gemalt. Und auch wir spüren, kaum dass wir ihn betreten haben, den lebendigen Atem der Schöpfung. Es ist, als würde der Wald, dieses Netzwerk geballter, gebündelter Energie, unsere Seele berühren. Als würde dieses gigantische Kraftsystem, das von solch anbetungswürdiger Schönheit und Vielfalt ist, sie durchlässig machen für den göttlichen Geist und seine alles umfassende und durchdringende Liebe. Waldeslust. Waldgeflüster. Wie verzaubert laufen wir unter den hohen, alten Bäumen und lauschen dem Gesang der Vögel, der das Blätterdach, dieses dunkelgrüne Gewölbe hoch über unseren Köpfen, zum Klingen bringt. Abseits des Weges kommt eine Prozession Roter Fingerhut auf uns zu, sieht aus, als wolle sie sich im geheimnisvollen Halbschatten des Unterholzes gleich wieder auflösen. Aus dem Tannengrün fliegt schimpfend ein Eichelhäher davon. Dann herrscht plötzlich Stille, für einen Augenblick ist kein Laut zu hören, kein Windhauch regt sich, da ist nur eine wohltuende Stille. Frieden hüllt uns ein und ein Gefühl alles umgreifender Liebe. »Mit Bäumen kann man wie mit Freunden reden«, heißt es bei Erich Kästner. Auch wir genießen die Gesellschaft dieser knorrigen Wunderwerke, dieser freundlichen Waldriesen, die uns schützend umgeben. In stoischer Gelassenheit,

Seite an Seite, Stamm an Stamm, führen sie uns vor Augen, wie wichtig es ist, gut geerdet und in vollkommener Balance zu sein. Wie unverzichtbar die Gemeinschaft ist, das Zusammenstehen auch in schwierigen Zeiten. Wie absolut nötig die innere Kraft und Stärke und auch ein gemächliches Wachstum und Werden. Ja, wie wohltuend die Entdeckung der Langsamkeit sein kann. In der Ruhe liegt die Kraft, scheinen sie uns zuzuflüstern, in der Beharrlichkeit das Glück. Sommerglück. Bäume umarmen! Die Stirn vertrauensvoll an ihre duftende Rinde legen. Mit ihnen sprechen und ihnen zuhören. Eine Handvoll Zeit in ihrer erholsamen, kraftspendenden Nähe verbringen. Sich in ihren Schatten setzen, um auch die kreisenden Gedanken in unserem Kopf sich setzen zu lassen. Zur Ruhe kommen. Im Hier und Jetzt verwurzeln. Alle Sympathie dem Augenblick, dem Kostbarsten, was wir haben.

Leider bin ich selbst ein zutiefst unruhiger Geist. Immer schon. Ein Freund, der mich in seiner unvergleichlichen Art gern als »Propeller-Petra« oder »Turbo-Zäpfchen« bezeichnet, hat mich einmal darauf hingewiesen, wie inflationär ich das Wort »schnell« benutze. Aufmerksam gemacht auf diesen »Sprachfehler«, hörte ich mich tatsächlich erstaunlich oft Sätze formulieren, die so oder ähnlich klangen: »Ich geh mal schnell zum Bäcker.« »Ich muss nur schnell telefonieren.« »Ich mache uns schnell was zu Essen.« Beinah so, als säße mir unentwegt die Uhr im Nacken, als dürfe ich auf gar keinen Fall auch nur ein Zupfelchen Zeit verlieren. Eine Bekannte, die im Gegensatz zu mir nicht wie ein Wirbelwind durch ihr Leben fegt, hat mir einmal, als sie gerade vom Frisör kam, erzählt, dass ihr die Hochglanzillustrierten dort die Laune verdorben hätten. Auf meine Frage nach dem Warum sagte sie lächelnd: »Weil die auf den Fotos alle Schlösser und schicke Villen geerbt haben, ich dagegen nur die dicken Oberschenkel meiner Mutter.«

Tja, wer weiß, vielleicht habe ich das Stürmen und Drängen auch von meiner Mutter geerbt. Vielleicht hat sie es mir in die Wiege gelegt, die Ruhelose, die Fleißige, die jede freie Minute genutzt hat, um in ihrer Praxis kranken Menschen zu helfen. Sie konnte regelrecht zaubern, weil sie selbst in ihrem randvoll gefüllten Terminkalender immer noch Lücken für neue Patienten fand. Im Italienischen sagt man von solch unentwegt Schaffenden, sich unermüdlich Mühenden, dass ihr Spinnrad niemals stillstehen darf. Ich glaube, bei meiner Mutter surrte und schnurrte es tatsächlich von früh bis spät. Auch mein Bruder war mehr ein Transrapid als ein Bummelzug in seinem Leben. Immer bereit zur Höchstgeschwindigkeit. Ich weiß nicht, wie oft wir zusammen im Sauseschritt spazieren gegangen, im Eiltempo gewandert sind. Obwohl es Jahrzehnte zurückliegt, erinnere ich mich gut an eine Tour in den Schweizer Alpen, im schönen Berner Oberland. Gleich nach dem Frühstück waren wir aufgebrochen. Ein steiler und beschwerlicher, mindestens fünfstündiger Weg lag vor uns. Wir waren noch nicht weit gekommen, als uns der Zufall eine Begegnung der besonderen Art bescherte: Wir trafen auf einen der alten Bergbauern, die dort ansässig waren. Eine Art Schweizer Urgestein, ein »Hinterwäldler«, wie wir ihn nannten. Weißer Rauschbart, eine riesige Kiepe mit Heu auf dem Rücken, stieg er, auf zwei Stöcke gestützt, gemächlich bergauf – und gab uns, die wir ihn schnellen Schrittes überholten, den wohlmeinenden Rat, eine Wanderung immer in dem Tempo zu beginnen, in dem wir sie auch beenden würden. Wir schenkten ihm ein müdes Lächeln. Mehr nicht. Und schon im nächsten Moment waren wir zügig an ihm vorbei. Ungefähr auf der Hälfte des Weges passierte dann, was passieren musste: Da ich versucht hatte, mit meinem Bruder Schritt zu halten, waren meine Kräfte aufgebraucht. Ich war so erschöpft, dass ich mich abseits des Weges hinlegen und nicht nur verschnaufen, sondern tatsächlich eine Weile schlafen musste. Und es war ein solcher Segen, dass vom Tal eine Zahnradbahn hinauf zum Gipfel fuhr, die mich an einer der Stationen gnädig aufnahm. Die Begegnung mit diesem alten Mann, diesem »Kiepenkerl«, wie ich ihn heute gern nenne, ist mir unvergesslich. Und seine Worte, seine Ermahnung von der langsameren Gangart haben sich mir ins Herz geschlichen. Wenn ich wieder einmal auf Hochtouren laufe und wie einst der Plüschhase aus der Duracell-Werbung – vielleicht erinnern Sie sich – einfach kein Ende finde, stattdessen atemlos trommelnd weiter und immer weiter marschiere, dann kommen sie mir oft in den Sinn. Kein Grund zur Eile!, flüstert es dann aus den Bergen zu mir herüber. Im Gehen zur Ruhe kommen. Alles ist Weg. Was mich jetzt wieder an unseren Spaziergang durch die Jahreszeiten erinnert, wo wir ja gerade nicht hetzen wollen.

Geh aus, mein Herz, und suche Freud,
in dieser lieben Sommerzeit.

PAUL GERHARD

Auf einmal wird er müde, der Sommer, mag nicht mehr fröhlich sein, selbst auf vielfachen Wunsch keine Zugabe mehr geben, schüttelt stattdessen sein lichtdurchströmtes Haupt und wendet sich seufzend ab. Sommerkehraus. Vorbei die Mußestunden im Freien, die herrlichen Sonnenaufgänge und Untergänge, diese Gemälde am Himmel, die wir bewundert und verträumt haben, vorbei die blumenbunten Tage. Die Anemonen sind verblasst, der Klatschmohn ist längst verglüht und auch die stolzen Königskerzen sind heruntergebrannt. Ein deutliches, ein spürbares Lebewohl liegt in der Luft. Selbst die Sonnenblumen – gestern noch so gelb und munter – lassen traurig und schwer die Köpfe hängen. Abnehmende Farben, abnehmendes Licht. Die Tage werden kürzer, die Schatten länger. Während das bunte Blütenherz des Sommers ganz leise zu schlagen aufhört, betritt ein anderer die Bühne. Ein Schönfärber. Ein kühler Ästhet. »Ende der Vorstellung«, flüstert er und hängt ein »Herbstlich Willkommen!« an. Lächelnd leitet er die Sommerneige, den Sommerschluss ein, benetzt die Morgenstunden mit Tau, legt Abschiedsstimmung auf alles. Eilig sammeln wir letzte Sonnenstrahlen, genießen noch einmal die Wärme im Gesicht, denn schon fallen uns erste Blätter vor die Füße und in den Wiesen blüht die Herbstzeitlose, dieses blässliche, so zarte Liliengewächs, das aussieht, als käme es aus einer anderen Welt. Der Sommer hat sich endgültig verabschiedet.

Herbst I. – Goldenes Licht

Im Nebel ruhet noch die Welt,
Noch träumen Wald und Wiesen:
Bald siehst du, wenn der Schleier fällt,
Den blauen Himmel unverstellt,
Herbstkräftig die gedämpfte Welt
In warmem Golde fließen.

EDUARD MÖRIKE

Dies ist ein Herbsttag, wie ich keinen sah!
Die Luft ist still, als atmete man kaum,
und dennoch fallen raschelnd, fern und nah,
die schönsten Früchte ab von jedem Baum.

FRIEDRICH HEBBEL

Leichten Schrittes und bester Laune laufen wir in den Herbst hinein, lassen mit den letzten warmen Sonnenstrahlen den Sommer noch einmal Revue passieren und öffnen uns dann für das neue Lebensgefühl, das uns erwartet. Diese Melange aus Heiterkeit und Melancholie. Mit zurückgelegtem Kopf beobachten wir die davonziehenden Störche, lauschen dem Gesang der Kraniche, schmecken die würzige Luft und erfreuen uns am Blau der Schlehen und am Rot der Hagebutten. Schwebender Morgendunst verwandelt die Welt in einen Ort tanzender Nebelgeister, in der Erinnerungen aus Kindertagen wachwerden. Großvaters selbstgebastelte Papierdrachen, die nicht immer in den Himmel tanzen wollten. Das erhitzte Gesicht meiner Großmutter, die in der dampfenden Küche Obst und Gemüse einweckte, den großen Topf mit dem Drahtgestell tagelang nicht vom Herd nahm. Und Onkel Otto, hager und nie ganz sauber gekleidet, der auf seinem alten Fahrrad, den Korb auf dem Gepäckträger festgemacht, in die Pilze fuhr. Auf den Feldern stehen einsame Vogelscheuchen und zum Abendbrot gibt es Stampfkartoffeln und Blaubeersuppe.

Angeblich, so habe ich einmal gelesen, mögen wir die Jahreszeit am liebsten, in der wir geboren sind. Keine Ahnung, ob das stimmt. In meinem Fall aber trifft es tatsächlich zu. Der Herbst mit seinem goldenen Licht, seinen purpurrot gefärbten Wäldern und seiner Wehmut liegt mir besonders am Herzen. Ich mag seine Doppelgesichtigkeit, seine zwei Seelen in der Brust, seine geheimnisvolle Janusköpfigkeit, die Dichter besungen haben. So spricht Friedrich Hebbel von einer »Feier der Natur«, der schwermütige Nikolaus Lenau dagegen von einem »milden Sterben«. Beide haben sie Recht. Der Herbst ist Feier und Abschied in einer Person. Umweht vom

Duft seiner kühler werdenden Tage, verwandelt er die Welt in eine Symphonie von Farben. Dabei ist er ein unvergleichlicher Ästhet. Alles, wirklich alles soll bei ihm in Schönheit geschehen. Selbst das Verwelken und Vergehen.

Dieses Sterben in Schönheit ergreift unsere Seele, zieht uns magisch in seinen Bann. Zugleich aber weckt es ein leises Unbehagen in der Brust. Zeigt doch die Vergänglichkeit hier frech ihr Gesicht, lacht uns an, inmitten all der Schönheit, erinnert uns, ob wir es wollen oder nicht, an unsere eigene Sterblichkeit. Das wiederum kann uns das Herz vorübergehend schwer machen. Im Gegensatz zu uns fürchtet der Herbst die Vergänglichkeit nicht. Ganz im Gegenteil. Er schmückt sich mit ihr, steckt sie sich an den Hut wie ein abgeblühtes Wiesensträußchen. Sein freundschaftlicher Umgang mit ihr wiederum kann uns das Gemüt schwer und immer schwerer machen. Aber auch das stört ihn nicht. Bei aller Traurigkeit und allem Abschied entpuppt er sich als ein recht lustiger Prinz Karneval, der buntes Laub wie Konfetti verstreut. In Straßen, Parks und Wäldern, überall wirft er es mit gutgelaunten Händen aus, lässt es wirbeln und umhertanzen. Jedes Blatt ein fein gezeichnetes, filigranes Kunstwerk, leicht wie der Wind, zerknittert wie Seide und nicht selten von betörender Leuchtkraft. Und während ihm die Sonne tief im Gesicht steht, er das Weinlaub wie eine rotgoldene Schleppe hinter sich herzieht, kommt er plötzlich in Geber- und in Gönnerlaune, lässt die Trauben reifen, Nüsse und Maronen purzeln, kurz gesagt, er versorgt uns mit reichlich köstlichen Genüssen. Nach einem fruchtbaren Sommer ist der Herbst die Zeit der Ernte und damit die Zeit des Dankens.

Wie heißt es so schön bei Wilhelm Busch: »Es ist ein lobenswerter Brauch, wer etwas Gutes bekommt, bedankt sich auch.« Besonders schön klingt dieser Dank im berühmten »Sonnengesang« des Franz von Assisi, dem legendären »Vogelflüsterer«, der in so inniger Beziehung zur Schöpfung und ihrem Schöpfer stand. Auszugsweise heißt es da:

Gelobt seist du, mein Herr,
durch unsere Schwester, die Mutter Erde,
die uns ernährt und versorgt
und hervorbringt allerlei Früchte
mit bunten Blumen und Gras.

Erntedank: Feiern, was die Natur geschenkt hat. Vielerorts werden in den Kirchen die Altäre mit Obst und Gemüse geschmückt, bunt geflochtene Erntekronen aufgehängt. Christliche Rituale, die uns daran erinnern, Beschenkte zu sein. Und uns zudem ermahnen – in der heutigen Zeit mehr denn je! –, verantwortungsvoll mit der Natur umzugehen, sie zu beschützen und zu bewahren. Erntedank. Für mich, die ich in der ersten Oktoberwoche Geburtstag feiere, ist dieses Fest stets Auslöser und Anlass, für einen ausgesuchten Moment still zu werden, in mich zu gehen, mich zu besinnen und sehr bewusst für all das Gute in meinem Leben zu danken.

Dankbarkeit, die Erfahrung habe ich gemacht, ist ein echter Glücksgarant. Je tiefer wir uns in dieser Haltung verankern, je mehr wir sie zum Grundton unseres Seins machen, umso aufmerksamer und achtsamer werden wir. Und je aufmerksamer und achtsamer wir werden, umso mehr Glück erfahren wir. Weil wir nicht nur die großen, sondern auch die kleinen, selbst die kleinsten Wunder in unserem Alltag wahrnehmen. Alltagswunder, kleine Inseln im Meer der Routine, die zu Glücksmomenten werden. Mini-Highlights, die das Zeug haben, unsere Stimmung von einer Minute auf die andere aufzuhellen. Ich sage nur: Erlebnis Kirschblüte. Da diese Momente recht »schwindsüchtig« sind, will heißen, unsere Vergessenskurve hoch ist und wir uns eher an Ungutes als an Gutes erinnern, schreibe ich sie gern auf, bewahre, notiere sie in einem Heft, das bei meinen Büchern im Regal steht. »Glückskonserve« nenne ich das. Es kann guttun, diese kleinen Episoden ab und zu nachzulesen, weil sie uns in bedürftigen Zeiten ein Lächeln ins Gesicht zaubern. Dabei fällt mir wieder mein Freund Hubert ein. Noch heute sehe ich ihn Seite an Seite mit seiner Sophie vor dem Altar sitzen. Eiserne Hochzeit. Unglaubliche fünfundsechzig Jahre sind sie verheiratet.

Zwei Altgewordene, die sich wie Jungverliebte an den Händen halten und Gott für ihr gemeinsames, nicht immer leichtes Leben danken. Dankbarkeit, das ist Freude in Fülle. Oder, wie eine dreiundneunzig Jahre alte Dame in meiner Nachbarschaft es einmal ausgedrückt hat: »Dankbarkeit ist wie ein goldener Zaun, der rund ums Haus gezogen ist.« Sie hatte mir von ihren Kindern erzählt, von denen eines, ein Mädchen, mit Trisomie 21 zur Welt gekommen war. Zu ihrem großen Unglück hatte sie das Kind in der ersten Zeit nach der Geburt nicht annehmen, nicht lieben können, bis sie eines Tages wie aus heiterem Himmel, wie aus dem Nichts beim Anblick des schlafenden Säuglings ein tiefes Gefühl der Dankbarkeit durchströmte. Von diesem Augenblick an war die Liebe zu ihrem Kind erwacht, das, wie sie lächelnd hinzufügte, seit über fünfzig Jahren der Sonnenschein in ihrem Leben war. Dankbarkeit, dafür war die Dame ein lebendiger Beweis, ist eine Kraft, die bis über beide Ohren glücklich macht.

Nun gibt es aber auch genügend Situationen, in denen wir alles andere als dankbar sein mögen. Aus dem einfachen Grund, weil das Leben als Spielverderber auftritt, als Glücksversager. Weil es uns das, was wir uns sehnlichst wünschen, schlichtweg verweigert.

Das Leben – ein Buffet

Vor Jahren einmal habe ich eine kleine Begebenheit erlebt, die mir im Gedächtnis geblieben ist, weil sie so menschlich, so allzu menschlich war. Das Ganze spielte in einem Hotel. Ein neuer Tag, ein durchsonnter Frühstücksraum, ein überaus reichhaltiges Buffet. Dazu ein kleiner französischer Junge mit Namen Jean-Luc. Ein aufgewecktes, gutgelauntes Kerlchen, gerade groß genug, um über den Tischrand hinweg sehen zu können, was dort oben so alles an Köstlichkeiten angeboten wird. Singend läuft er hin und her, klatscht vor Freude in die Hände und trifft schließlich eine Entscheidung. Ein Hörnchen soll es sein, ein frisches, knuspriges Nusshörnchen. Aber genau das darf er nicht haben. Sein fröhlicher Gesang verstummt. Sein Gesicht verzieht sich. Die Mutter streicht ihm übers Haar und erklärt ihm liebevoll, warum er es nicht essen darf. Er leidet unter einer Unverträglichkeit. Noch während sie auf ihn einredet, beginnt er zu weinen. Natürlich versucht die Mutter ihn zu trösten. Aber er will nicht getröstet werden. Er will, sein ausgestreckter Arm deutet es an, das Nusshörnchen haben. Händeringend versucht die Mutter ihm etwas anderes schmackhaft zu machen, zeigt ihm Brötchen und Toastbrot, Cornflakes und eine Banane. Aber keine Chance: Jean-Luc besteht auf das Nusshörnchen. Und obwohl sich mittlerweile einige freundliche Gäste eingemischt haben, um ihn von der »verbotenen Frucht« abzulenken, ist er mit nichts zu beruhigen, mit nichts zu versöhnen. Das Ende vom Lied ist, dass er laut schluchzend, völlig aufgelöst am Boden liegt und sich weigert, überhaupt etwas zu essen.

Das Bild dieses untröstlichen, zutiefst verzweifelten kleinen Trotzkopfes hat sich mir unauslöschlich eingeprägt. Vielleicht, weil sich diese Episode so wunderbar aufs Leben übertragen lässt. Stellen wir uns einmal vor, auch das Leben sei eine Art Buffet, ein reichlich gedeckter Tisch also, mit einer großen Auswahl an Köstlichkeiten. Und wie der kleine Jean-Luc bestaunen wir die wohlkomponierte Fülle, gehen begeistert auf und ab, und suchen uns schließlich etwas aus. »Her zu mir mit den Nordseekrabben!«, sagen wir uns. (Oder was auch immer!) Aber welch ein Pech, genau diese Schüssel ist mittlerweile leer. Alle anderen sind noch gut gefüllt. Nur die Schüssel mit den Nordseekrabben ist leer. Ausgerechnet die! Nun haben wir verschiedene Möglichkeiten zu reagieren. So können wir beispielsweise bitterböse werden, uns mörderisch aufregen und innerlich fluchen. Das Leben als ungerecht und gemein beschimpfen, ihm vorwerfen, es nicht gut mit uns zu meinen, uns mal wieder – wie so oft – zu bestrafen. Was die Situation mit den Nordseekrabben allerdings nicht im Geringsten verändert. Die Schüssel gähnt uns nach wie vor an. Frustriert wie wir sind, können wir uns auch selbst bemitleiden, uns als leidgeprüfte, ewige Pechvögel bedauern und darauf bestehen, dass solches Unglück immer uns trifft. Wir können unseren leeren Teller anstarren und uns Leidensgeschichten aus der Vergangenheit in Erinnerung rufen, wo es uns genauso ergangen ist wie jetzt oder sogar noch schlimmer! Und über diesen Aufzählungen werden wir immer schlechter gelaunt. Wie der kleine Jean-Luc können wir schmollend in die Verweigerungshaltung gehen, uns demonstrativ von all den kulinarischen Köstlichkeiten des Buffets abwenden und auf die Frage, warum wir denn um Gottes Willen nichts essen wollen, mit Kafkas berühmtem »Hungerkünstler« antworten: »Weil ich nicht die Speise finden konnte, die mir schmeckt.« Der einzige Vorteil, wenn wir uns so recht in die Rolle des Pechraben hineinsteigern: Das Jammern bringt uns Aufmerksamkeit. Streicheleinheiten fürs Ego. Futter für die Seele. Was aber nicht verhindert, dass wir weiterhin hungrig und ungenießbar bleiben. Denn nach wie vor fehlen ja die Krabben auf unserem Teller. Anstatt in dieser übellaunigen Abwehrhaltung zu verharren, gleichsam zu erstarren, können wir aber auch etwas ganz anderes tun: uns fragen, welche Möglichkeiten es noch gibt, auf diesen »Krabben-Graben«, der sich zu unserem Ärger aufgetan hat, zu reagieren. Immer noch ein wenig tiefer graben oder nicht doch lieber eine Brücke bauen. Ich habe einmal, während eines Aufenthalts in einem Kloster, mit einem Pater gesprochen, der nach einer Herztransplantation hundertsiebzig Tage ans Bett gefesselt war. Tage, in denen er nicht wusste, ob er leben oder sterben wird. In dieser Zeit, so verriet er mir, sei ihm klar geworden, dass es nur zwei wirklich wichtige Dinge im Leben gibt: Annehmen und Loslassen. Und genau diese Erkenntnis, diese wertvolle Lektion, die das Leben ihm erteilt und die er freundlicherweise an mich weitergereicht hat, könnte solch eine Brücke in unserer kleinen Buffet-Fantasie sein.

Nehmen wir an, wir stehen immer noch vor der leeren Krabbenschüssel. Allerding reagieren wir jetzt nicht mehr nach dem Jean-Luc-Prinzip. Vielmehr akzeptieren wir, etwas Gewünschtes nicht zu bekommen. Punkt! Da hilft kein Jammern und kein Klagen, kein wütendes Auf-den-Boden-Schmeißen, kein Trübsal Blasen und auch keine sinnlosen Fragen, die so oder ähnlich klingen wie: »Warum passiert das immer nur mir? Warum haben die anderen so viel Glück und ich nicht?« Auch helfen keine abgenutzten Feststellungen weiter wie: »War doch klar, wenn ich mal Krabben essen will, dann sind keine mehr da. Typisch, alle anderen bekommen das, was sie haben wollen, nur ich nicht!« Solcherart Gedanken bringen uns definitiv nicht weiter. Und satt machen tun sie auch nicht. Sie sorgen allenfalls für geistigen Kummerspeck. Das Einzige, was uns im Angesicht der leeren Krabbenschüssel unstrittig weiterbringt, ist, den Fokus nicht länger auf das Fehlende zu richten, sondern uns für alle anderen Möglichkeiten zu öffnen, die rechts und links noch existieren. Die Zauberworte heißen: Loslassen und Annehmen. Denn das ist ja das Schöne an einem Buffet, dass es über eine Riesenauswahl, eine Vielfalt an Köstlichkeiten verfügt. Und genauso ist es im Leben. Die Möglichkeiten an Beglückendem und Erfreulichem, die wir haben, sind schier unbegrenzt. Es gibt eine Fülle von Alternativen zu Nusshörnchen und Nordseekrabben. Wir müssen nur bereit sein, sie zu sehen. Die Entweder-Oder-Haltung aufgeben, ein Ja formulieren und zugreifen. Nur so füllt sich unser Teller und nur so werden wir am Ende wunderbar satt. Und wer weiß, vielleicht entdecken wir auf diese Art und Weise sogar Dinge, die uns noch viel besser schmecken als Nordseekrabben, die wir aber niemals probiert hätten, wäre besagte Schüssel voll gewesen. Seien wir also neugierig und probierfreudig am Tisch des Lebens. Und greifen wir, wenn es um unsere Zufriedenheit, unser Glück geht, beherzt zu.

Nun beschleicht mich manchmal das Gefühl, dass wir gerade dann jenem Menschen aus dem

Markusevangelium (3,1–6) gleichen, von dem uns gesagt wird, dass er eine »verdorrte«, also eine leblose Hand hatte und mit anderen Worten nicht richtig zugreifen konnte. Für mich ist er ein Hungerkünstler der besonderen Art. Betrachten wir ihn ein wenig genauer und aus der Nähe. Mutterseelenallein, wie ausgestoßen sitzt er am äußeren Rand der Synagoge. Möglicherweise hat er sich selbst ins Abseits manövriert, dorthin also, wo keine Beziehung, kein Austausch stattfindet, er aber immerhin noch auf Gott hin ausgerichtet ist. Verschüchtert, hilflos und sprachlos sitzt er dort. Niemand beachtet ihn. Nur Jesus, die Menschenliebe in Person, wendet sich ihm zu. Mit behutsamer Hand, hätte ich beinah gesagt, erkennt er die Unfähigkeit des Mannes, sich am Tisch des Lebens ein guter Gastgeber zu sein. Und er formuliert zwei schlichte, wirkmächtige Worte: »Steh auf«, sagt er. Er fordert ihn also auf, sich zu erheben, sich wichtig zu nehmen, der Person Ehre zu erweisen, der Ehre gebührt: sich selbst nämlich. Aber damit nicht genug. Jesus fordert ihn weiter dazu auf – und es ist wie ein sanftes Wachrütteln –, sich in die Mitte zu stellen. »Steh auf und stell dich in die Mitte« (Mk 3,3), sagt er. Denn genau da, wo die Musik des Lebens spielt, wo der Tisch randvoll gedeckt ist, gehört der Mann hin. Aber damit immer noch nicht genug. »Streck deine Hand aus!« (Mk 3,5), sagt Jesus. Wir wissen, dass die Hand nach etwas auszustrecken nichts anderes bedeutet als zuzugreifen, sich etwas zu nehmen. Der Mann soll im Angesicht der Fülle spüren, wonach es ihm in den Fingern kribbelt. Und dann soll er zugreifen, mit Entschlossenheit. Kaum tut er dies, geschieht das Wunder: Seine Hand ist geheilt. »Er streckte sie aus und seine Hand war wieder gesund.« Ich stelle mir gern vor, wie er in den Schoß der Gemeinschaft zurückkehrte. Wie er versöhnt mich sich und den anderen sein Leben wieder in die Hand nahm. Wie er dem Zauber eines Neuanfangs vertraute. Wollten wir die Geschichte noch ein wenig fortspinnen, könnten wir uns vorstellen, wie er – bildlich gesprochen – seine gesunden, aneinandergelegten Hände als Schale benutzt, um endlich wieder aus dem Vollen zu schöpfen. Wie er sich – dem Willen Gottes gehorchend – am Tisch des Lebens bedient und verwöhnt, wie er Herz und Körper gleichermaßen bewirtet. Wie dabei alle Härte und Verbitterung, alles »Verdorrte« von ihm abfällt, er innerlich weich und offen wird. Wie ihm das Leben wieder schmeckt, wie es zum Genuss wird. Ein Genuss, der Seele und Körper vereint.

Herbst II. – Nebelschleier

Spätherbstnebel, kalte Träume,
Überfloren Berg und Tal,
Sturm entblättert schon die Bäume,
Und sie schaun gespenstisch kahl.

HEINRICH HEINE

Plötzlich, gleichsam über Nacht, mag der Herbst es nicht mehr bunt treiben, nicht mehr fröhlich sein. Er herbstet sozusagen. Ein letzter goldener Seufzer und ein leises »Adieu!«, dann legt er sein purpurrotes Mäntelchen ab. Keine gefleckten Bäume mehr, keine leuchtenden Gelb- und Rottöne, jetzt präsentiert er sich lieber Grau in Grau. Von einem Tag auf den anderen sieht er sterbensmüde aus, mürrisch und fröstelnd. Mit wolkenverhangenen Augen, die Finger kalt und klamm, zieht er sich in sich selbst zurück. Feierabend für dieses Jahr! Sein kühler Atem kündigt Frost an. Erschrocken werfen die Bäume ihre letzten Blätter ab. Wie erstarrt stehen sie da, eingehüllt in Nebelschleier, feuchtes Laub zu ihren Füßen. Letztes Obst hängt in den kahlen Zweigen.

Vergessene Birnen im dünnen Geäst. Einsam und verlassen ein paar Äpfel, rotbackig wie im Märchen. In Sträuchern und Gräsern glitzern jetzt Spinnweben in den Morgenstunden, kleine Kunstwerke, mit Tau benetzt. Herbstsonne und Herbstnebel, zwei Seiten einer Jahreszeit. Aber genau das ist es, was sie mir so lieb macht: dass alles Ende kein wirkliches Ende ist. Nur ein Wandel. Denn all das Sterben, das der Herbst vor Augen führt, alles Verwelken und Vergehen entpuppt sich am Ende als Beginn eines blühenden Neuanfangs. »Es knospt / unter den Blättern / das nennen sie Herbst«, heißt es bei Hilde Domin. Vielleicht schmückt sich der Herbst deshalb so gern mit diesen feingesponnenen, glänzenden Fäden, die er wie Fangnetze auswirft. Hoffnungsfäden, auch Altweiberfäden genannt, die im milden Sonnenlicht durch die Luft wehen und uns wie eine leise Ahnung streifen. Wie das Versprechen, dass alles mit allem verwoben ist und ein jedes gut aufgehoben im Kreislauf des »Stirb und Werde«, diesem großen Geheimnis der Schöpfung, dieser ewigen Melodie, in der auch wir ein feiner Ton sind.

An dieser Stelle kommt bei der Begegnung mit dem Herbst der Glaube ins Spiel. Jenes tiefe Empfinden, das sich auf die letzten Geheimnisse dieser Welt bezieht und das wohl keiner so bezaubernd zeitlos ins dichterische Wort gebracht hat wie Rainer Maria Rilke, der im Angesicht der herbstlich fallenden Blätter das Ewige beschwört. Worte, die, wie ich finde, das Herz weit machen und Zuversicht und Hoffnung schenken. Das Gedicht trägt den Titel »Herbst« und da heißt es an einer Stelle:

Wir alle fallen. Diese Hand da fällt.
Und sieh dir andre an: es ist in allen.

Und doch ist Einer, welcher dieses Fallen
Unendlich sanft in seinen Händen hält.

Der Herbst, diese Zeit der Veränderung und Verfärbung, führt uns die Notwendigkeit zum Loslassen unmissverständlich vor Augen. Mehr noch, er erinnert uns – ob uns das angenehm ist oder nicht – an Sterben und Tod. Wenn er in seine dunkle Phase geht, sich in düster verhangenen Novembertagen gefällt, ermahnt er uns, der Verstorbenen zu gedenken. Allerheiligen, Allerseelen – wir besuchen Friedhöfe und Ruheforste, bringen Blumen auf Gräber. Dahlien zum Beispiel, auch Georginen genannt, jene bunten Blütenbälle, die bei aller Tristesse für Farbe sorgen. Oder Chrysanthemen, von den Japanern liebevoll »Abendsonne« genannt, Symbol der Sonne und des Lichts. Wer mag, zündet Lichter an, »Seelenlichter«, die davon künden, dass die Liebe den Tod besiegt hat.

»Vertraue dem Leben«, scheint der Herbst zu flüstern, während sich lilafarbene Astern fröstelnd im Wind neigen, »im Kreislauf der Natur ist mein

Sterben ein Segen.« Wohl wahr! Im Leben eines Menschen allerdings kann der Tod eines Nächsten das seelische Gleichgewicht arg ins Wanken bringen. Vor allem, wenn es sich um den Abschied von einem geliebten Menschen handelt. Und doch kann der Tod bei aller Verzweiflung auch zum Anstoß für Veränderung und Wachstum werden. Für Selbsterinnerung. Diese Erfahrung zumindest durfte ich machen.

Als meine Mutter nach schwerer Krankheit und einem langen, schmerzvollen Abschied gestorben war, sehnte ich mich eines Tages danach, neue Wege zu gehen. Im wahrsten Sinne des Wortes übrigens. Nachdem wir als Familie ein Leben lang ins Berner Oberland gefahren waren, verspürte ich plötzlich Lust, mir einen anderen Teil der Schweizer Bergwelt zu erwandern. Nun muss ich dazu sagen, dass das Gehen in großartiger Natur für mich immer schon ein heilsames Unterfangen war, Balsam für die Seele. Bei der Suche nach einem passenden Ort musste ich nicht lange überlegen, das Oberengadin zog mich magisch an. Vermutlich, weil ich mich im Zuge meiner Doktorarbeit intensiv mit Friedrich Nietzsche beschäftigt hatte, jenem Philosophen, der in seinen Schriften so begeistert von den Farben und der kristallklaren Luft dieser Landschaft schwärmte und der dort – als einsamer Wanderer – zu geistiger Höchstform aufgelaufen ist. Also folgte ich seinen Spuren. Schon die Anreise über den Julierpass war überwältigend. Mit dem letzten Licht des Tages, das die schneebedeckten, so erhabenen Gipfel rosig färbte, erreichte ich den Ort, wo er gelebt und geschrieben hat: Sils Maria.

Vier Jahre lang war meine Mutter krank gewesen. Diagnose: Leukämie. Vier Jahre lang dieses Warten, dieses Hoffen, diese Rückschläge, diese ständige Angst. Und dann, eines nachmittags, war sie gestorben. Erwartet und doch unerwartet. In der ersten Zeit nach ihrem Tod gab es reichlich zu tun für mich. Unermüdlich rotierte ich zwischen zwei Städten hin und her, war in ständiger Bewegung und damit wunderbar abgelenkt von meiner Trauer. Irgendwann aber meldete sie sich zu Wort, mit voller Wucht, überfiel mich regelrecht und ließ mich lange Zeit nicht mehr los. Dann endlich wurde sie leiser, verabschiedete sich schließlich und machte einer gähnenden, grenzenlosen Leere und Erschöpfung Platz. Über Nacht hatte ich das Gefühl, mich selbst aus den Augen verloren zu haben, mir selbst abhandengekommen zu sein. Was ich brauchte und was ich suchte in Sils Maria war ein Akt der Neufindung, der Neubestimmung meines Lebensweges.

Gleich am ersten Morgen zeigte sich die Bergwelt dort in strahlender Schönheit. Wie zwei riesige Spiegel lagen die Seen in der Landschaft, schienen blauer und immer blauer zu werden. Die Bergwälder, die sich die Hänge hinaufzogen, überwiegend Lärchen, waren herbstlich verfärbt. Im Gegensatz zu den dunkelgrünen Tannen loderten sie in feurigen

Farben. Ein zauberhaftes Wechselspiel. Herbstsonne, Herbstleuchten im Engadin. In der Luft der Geruch von Erde und Stroh. In der ersten Nacht am neuen Ort hatte ich lange am Fenster gestanden und auf das Rauschen der Bäche in der Dunkelheit gelauscht. Dabei hatte mich der nachtschwarze Himmel mit drei Sternschnuppen überrascht. Allerdings hatte ich vor lauter Staunen das Wünschen vergessen. Das holte ich im Morgenlicht meines ersten Urlaubstages nach. Und siehe da, das schöne Wetter blieb mir treu. Ich erlebte Herbsttage, wie sie wundervoller nicht sein konnten, angereichert mit den vergoldeten Bergspitzen im Abendlicht, Augenblicken voller Stille und Weite und Poesie.

Nietzsche hatte Recht: Es war eine Lust, in dieser gewaltigen Hochgebirgsgegend zu gehen und zu atmen. In dieser grandiosen Natur, deren atemberaubende Schönheit einem den Blick und die Seele weitete. Zeit der Sinne und des Sinnierens. Gleich bei meiner ersten Wanderung fiel mir auf, dass sich das Wort »Lärchenwald« auf »Märchenwald« reimt. Und genauso empfand ich es. Die herbstlich verfärbten Nadelbäume glänzten in der Sonne, als hätte sie jemand in flüssiges Gold getaucht. Wie an Fäden hing das Licht in den Ästen, tropfte auf den Waldboden, breitete sich dort aus und bildete leuchtende Flecken. Ich kam mir ein bisschen vor wie die Gold-Marie im Märchen, regnete es doch bei jedem Windhauch goldene Nadeln auf mich herab. Auch die Wege waren übersät damit, sie fühlten sich so angenehm weich an und machten meinen Gang von Tag zu Tag ein wenig leichter und federnder. Es war, als hätte diese Landschaft, in der ich im Gegensatz zu dem glaubensfernen Philosophen auf Schritt und Tritt das Lächeln Gottes spürte, meine Seele berührt und zum Klingen gebracht. Als hätten auch die sternfunkelnden Nächte, die von solch unglaublicher Schönheit waren, die Tür in mein Inneres neu aufgestoßen. Zum ersten Mal seit langer Zeit hatte ich das gute und warme Gefühl, in mir selbst wieder zu Hause zu sein. Zu meiner großen Freude kündeten auch meine Träume, diese Spaziergänge in die Tiefen der Seele, von dieser neu erwachten Selbstgewissheit. Nach dem Tod meiner Mutter hatte ich ernsthafte Zweifel an dem Wunsch gehegt, mich als Schriftstellerin zu versuchen. Ich hatte gerade mein erstes Manuskript eingereicht und eine positive Antwort bekommen; und obwohl mein erster Roman also erscheinen sollte, hatte ich plötzlich Angst vor meiner eigenen Courage. Würde ich vom Schreiben leben können? In Sils Maria träumte ich, von meiner Mutter eine Bibel geschenkt zu bekommen, zwischen deren Seiten ich eine Notiz fand. Ich solle weiterschreiben, hieß es, und meinen eigenen Stil finden. Eigener Stil, eigener Weg. Jener Traum bestärkte mich darin, meinem ambitionierten Vorhaben treu zu bleiben. Was, wie sich schon bald herausstellte, eine richtige Entscheidung war.

Herr: es ist Zeit. Der Sommer war sehr groß.
Leg deinen Schatten auf die Sonnenuhren,
und auf den Fluren lass die Winde los.

Gönnen wir uns auf unserem Spaziergang einen letzten lyrischen Herbstgedanken. Werfen wir, während Stürme bereits an kahlen Bäumen und Büschen zerren, einen Blick auf Rilkes Gedicht »Herbsttag«, jene berühmten Verse, die wie ein Gebet beginnen, eine zärtliche Hinwendung an ein Transzendentes. Und die auf unnachahmliche Weise den Herbst der Natur mit dem Herbst des Lebens vergleichen. Ein wichtiges Thema darin ist die Einsamkeit.

Wer jetzt allein ist, wird es lange bleiben,
wird wachen, lesen, lange Briefe schreiben
und wird in den Alleen hin und her
unruhig wandern, wenn die Blätter treiben.

Verlässliche Beziehungen sind ein wesentlicher Wohlfühlfaktor im Leben eines jeden Menschen. Ein unverzichtbares Fundament, ein Grund, der uns trägt. Wir alle sind Miteinander-Menschen. Wer ein erfülltes und emotional reiches Leben führen will, braucht soziale Kontakte, Begegnungen und Dialog. Je älter wir werden, je herbstlicher die Luft um uns herum wird, umso wichtiger sind diese vertrauten Bande. Das Wort »Alter« kommt aus dem Lateinischen und bedeutet »der andere«. Für mich ein Hinweis darauf, gerade im fortgeschrittenen Alter auf einen lebendigen Freundes- und Bekanntenkreis zu achten. Eine Art Netzwerk zu knüpfen, Nähe und Gemeinsamkeit zu suchen. Neben der Familie, die uns ein Leben lang Heimat bleibt, dürfen die Beziehungen zu anderen Menschen – diese »Wahlverwandtschaften« – durchaus wechseln im Lauf der Zeit. Das Wort »Angehörige« bringt es schön zum Ausdruck: Familienmitglieder gehören uns an, Freundschaften suchen wir uns aus. Nun höre ich in Gesprächen immer wieder, dass echte Herzensfreundschaften einzig und allein in der Kindheit und den Jugendjahren entstehen. Wahrscheinlich stimmt das sogar, weil diese ersten Beziehungen durch die gemeinsamen Entwicklungsschritte geprägt sind und dadurch tatsächlich tiefer angelegt als alles, was danach kommt. Dennoch können sich auch in späteren Jahren überaus wertvolle Kontakte entwickeln. Es muss ja nicht gleich »bis das der Tod euch scheidet« drüberstehen. Leben ist schließlich Bewegung, ständige Veränderung. Eine achtzigjährige Seminarteilnehmerin, die über ein engmaschiges soziales Netz verfügte, hat mir einmal erzählt, beim Verlassen des Hauses stets offen für neue Begegnungen zu sein. Dabei lege sie es aber nicht darauf an, unter allen Umständen Menschen kennenzulernen, die Absichtslosigkeit sei wichtig. Die aber, so sagte sie lächelnd, hatte schon oft dazu geführt, dass ihr die tollsten Dinge passiert seien.

Nur wer bereit ist, sich zu öffnen und immer wieder neu auf Menschen einzulassen, wird der Einsamkeit des Herbstes entgehen. Jener zweiten Lebenshälfte also, in der Abschiede zum Leben dazugehören, Krankheit und Tod eine größere Rolle spielen als in früheren Zeiten. Ich war vielleicht Mitte Fünfzig, als ich in einer schlaflosen Nacht plötzlich die Idee hatte, mir alle die Menschen ins Gedächtnis zu rufen, die in meinem Umfeld bereits gestorben waren. Und ich weiß noch, wie erschrocken ich war, weil mir immer noch jemand einfiel, die Prozession länger und länger wurde. Um im Herbst nicht »allein« zu bleiben, wie es im Gedicht heißt, um ein Gegenüber, ein »Echo« zu haben, ist es nötig, neben den alten Kontakten immer wieder auch neue zu knüpfen und – ganz wichtig – zu pflegen. Dieses Engagement nicht aufzuschieben, nicht auf später zu vertagen. Nicht erst auf die Suche zu gehen, wenn schon gar nichts mehr geht. Jetzt ist die richtige Zeit. Immer jetzt. »Im Winter«, so weiß ein Sprichwort, »ist es zu spät, um Honig zu sammeln.«

Gottlob muss in unserer Gesellschaft niemand allein bleiben, wenn er es nicht will. Es gibt reichlich Möglichkeiten, Menschen kennenzulernen. Ganz anders, wenn ich an die Generation meiner Großmutter denke. Als Kind habe ich ihr, der Frau vom Land, beim Gänserupfen und beim Holzhacken zugeschaut. Ich habe sie bewundert für all ihr Können. Ob sie glücklich war an der Seite meines Großvaters, einem Mann, der den Schnaps liebte, weiß ich nicht. Ausbrechen aus den bestehenden Verhältnissen aber war für sie, die ich fast nur mit umgebundener Schürze kannte, undenkbar. Weder hatte sie eine beste Freundin noch eine gute Bekannte, geschweige denn, dass sie alleine fortgegangen wäre. Die einzigen Gespräche, die sie außerhalb ihrer Ehe führte – ein Telefon hat sie nie besessen –, fanden am Gartenzaun statt, im Lebensmittelladen des Herrn Kühn oder am Wagen vom Milchmann. Vielleicht sprach sie deshalb mit allem, was ihr im Haushalt begegnete, mit Eimern, Töpfen, sogar mit den Holzscheiten, die sie in den Herd schob.

Im Gegensatz zu ihr haben Frauen jeden Alters in der heutigen Zeit die Möglichkeit, ihr Leben bewusst zu gestalten, können ganz selbstverständlich Orte aufsuchen, an denen sie Gleichgesinnte treffen, sei es in Kirchen und Vereinen, Tanz- oder Wandergruppen, Chören, Bildungseinrichtungen. Ganz egal, wofür sich jemand entscheidet, wichtig ist das gemeinsame Erleben, denn das verbindet und sorgt – generationenübergreifend – für Gesprächsstoff. Je älter wir werden, je herbstlicher der Wind uns entgegenweht, umso mehr sollten wir darauf achten, dass unser Freundes- und Bekanntenkreis nicht gar zu welk wird. Damit meine ich, dass es sinnvoll und wertvoll ist, den Kontakt auch zu jüngeren Menschen zu suchen. Wer sich ausschließlich mit Menschen seines Alters umgibt, läuft Gefahr, am Ende doch allein dazustehen.

Winter I. – Weiße Flocken

Das war kein Schneien wie sonst,
  kein Flockenwerfen ...,
sondern wie wenn Mehl von dem Himmel
  geleert würde ...,
und dieses Flimmern und Flirren und Wirbeln
  dauert fort und fort ...
Am nächsten Tage ... war an dem tiefblauen
  Himmel kein Wölklein,
und die Sonne strahlte auf das unermessliche
  Weiß hernieder.

ADALBERT STIFTER

Winter. Die Welt ist blass, als hätte ihr jemand die Farben aus dem Gesicht genommen. Wie gepudert sieht sie aus und gleichzeitig wie verzaubert, wie ein Wintermärchen, wenn an den Fenstern Eisblumen blühen, im frisch gefallenen Schnee Millionen und Abermillionen Sterne im Sonnenlicht glitzern und blauschimmernde Eiszapfen von den Dächern wachsen. Weiße Tage. Weiße Nächte. Aber nicht jeder Winter gibt sich strahlendweiß. So mancher kommt grau in grau und schmuddelig daher, die Straßen patschnass und mit Schmutzrändern versehen, die Wege aufgeweicht und voller Matsch. Kaum aber melden sich die Minustemperaturen und der Sonnenschein zurück, hüllt sich die Welt wieder in winterliches Weiß. Durchsichtig und wie erstarrt sieht sie aus. Und wir, die wir die Kälte nicht scheuen, fühlen uns von Kopf bis Fuß wohl in dieser Winterwunderwelt, die von bezwingender Schönheit und makelloser Reinheit ist. Mollig warm gekleidet, mit Mütze, Schal und Handschuhen, gehen wir auf tief verschneiten Wegen, die jedes Geräusch dämpfen, auch unsere Schritte, und die dafür sorgen, dass wir in dieser weißen, weiten Stille ein Gespür für die leisen, unaufgeregten Töne entwickeln. Dabei entpuppt sich der Schnee als fröhlicher Gestalter und Modellierer. Mit Leichtigkeit lässt er Dinge verschwinden, glättet Strukturen, bildet Hauben und Polster. Verwandelt die Landschaft in eine riesengroße weiße Fläche. Wintereinsamkeit. Aber auch Winterglück. Zu einem meiner schönsten und unvergesslichen Erlebnisse im Schnee gehört eine Begebenheit, die ich als ziemlich »coole Performance« bezeichnen würde. Als Happening der besonderen Art.

Es war ein knackig kalter, sonniger Morgen damals. Gleich nach dem Frühstück hatte ich das Haus verlassen und war, wie so oft, bevor ich mich an den Schreibtisch setzte, zu einem kurzen Spaziergang auf den Rochusberg aufgebrochen. In einem tiefen, satten Blau thronte der Himmel über den verschneiten Weinbergen. Wie ein Zuckerbäcker, der in der Früh sein Werk vollendet haben will, hatte Väterchen Frost die Nacht durchgearbeitet und nichts, aber auch wirklich gar nichts ausgelassen. Jeden einzelnen Rebstock hatte er mit seinem kalten Atem in ein filigranes Kunstwerk verwandelt, sogar die Drähte wie kostbare Perlenschnüre mit Eis ummantelt. Bilder wie aus einer Traumfabrik. Ich lief weiter als gedacht an jenem Morgen, langsam, Schritt für Schritt für Schritt, wie ungewollt, immer weiter und weiter, auf unberührten, weißen Wegen, die nur ab und zu die Spur eines Tieres zeigten. Ich war allein. Weit und breit keine Menschenseele zu sehen. Und es war still, wunderbar still. Zeit zum Nachdenken, Zeit zum Träumen. Tief in Gedanken versunken erreichte ich den Rand eines Feldes, das sich genüsslich ausstreckte und wo im Frühjahr und im Sommer leuchtend gelb der Raps blühte. Jetzt, da es in seinen wohlverdienten Winterschlaf gefallen war, hatte es sich in eine makellos weiße Fläche verwandelt.

Eine Art glänzendes Parkett, bei dessen Anblick ich wie angewurzelt stehen blieb, weil ich mir plötzlich wie Alice im Wunderland vorkam. Es war, als würde ich die Welt mit verzauberten Augen wahrnehmen. Denn vor mir, auf der blütenweißen, leicht abschüssigen Fläche, tanzten drei Luftballons im

Sonnenlicht. Drei blutrot leuchtende Herzen. Ich schaute mich um. Nach wie vor war ich allein. Niemand da, dem sie »entlaufen« sein konnten, weshalb es den Anschein hatte, als seien sie geradewegs vom Himmel gefallen. Ein Geschenk aus der Höhe. Ein Spielzeug für den Wind, der sich kaum rührte an diesem Morgen, sich aber einen Spaß daraus machte, sie ganz sachte und wie in Zeitlupe vor sich herzutreiben. Welches Schauspiel! Eine Art von Magie. Anmutig wie Prima Ballerinen bewegten sie sich über das puderzarte Weiß, schwebten aufeinander zu, drehten sich im Kreis, berührten sich und strebten wieder auseinander. Dabei warfen sie rosige Schatten in den Schnee, schienen wie Lampions von innen heraus zu glühen. Drei Herzen im Dreivierteltakt, schoss es mir durch den Kopf, während ich sie beobachtete, die etwas so Müheloses und Federleichtes hatten, etwas so Meditatives, zutiefst Stilles und Friedliches, von vollkommener Schönheit und Harmonie Getragenes. Ich weiß nicht, wie lange ich dort gestanden und ihnen mit großem Erstaunen zugeschaut habe, ich weiß nur, dass ich das Gefühl hatte, für Augenblicke eins mit der ganzen Welt zu sein. Und dass ich bis in die Haarspitzen hinein glücklich war und mich kaum losreißen konnte. Am Ende war es mein Schreibtisch, der mich nach Hause rief. Während des gesamten Heimwegs aber klang die Heiterkeit dieses winterlichen Traumspiels in mir nach.

Ich glaube, dass es dem Leben gefällt, uns immer wieder mit Augenblicken zu überraschen, die voller Leichtigkeit und Poesie sind. Augenblicke, die uns bei aller Flüchtigkeit dennoch in der Tiefe berühren, uns beseelen, vielleicht sogar andächtig machen, unser Herz öffnen und uns Lebensfreude schenken. »Gespürtes Leben« nenne ich das. Viel zu oft allerdings, so scheint es mir, nehmen wir diese kostbaren kleinen Geschichten, die um uns herum passieren, gar nicht wahr. Wir übersehen sie, eilen daran vorbei, weil wir mit allem möglichen beschäftigt sind, nur nicht mit der nötigen Aufmerksamkeit. Weshalb es guttun kann, sich ab und zu an den hellwachen Blick von Kindern zu erinnern.

Die Buddhisten sprechen diesbezüglich vom »Anfängergeist«, den es zu schulen gilt. Ein Ausdruck, der mir gefällt. Auch im fortgeschrittenen Alter können wir üben, zu unseren Anfängen zurückzukehren, können versuchen, uns mit neugierigen, offenen Augen durch die Welt zu bewegen. Gerade bei Spaziergängen lässt sich wunderbar ausprobieren, wie es sich anfühlt, mit allen Sinnen gegenwärtig zu sein. Wachsam zu sein, mit geschärfter, vollkommener Aufmerksamkeit zu gehen, anstatt sich – wie so oft – ausschließlich auf den Verstand zu konzentrieren, seine ständig ratternden Gedanken.

Neulich habe ich mir eine Postkarte gekauft, auf der in bunten Lettern geschrieben steht: »Leben ist das mit der Freude und den Farben. Nicht das mit dem Ärger und dem Grau.«

Stimmt haargenau! Deshalb sollten wir versuchen, durchlässiger zu werden für das Unerwartete, das Zauberhafte. Alle diese Augenblickswunder, diese kleinen Geschichten am Wegesrand, die flüchtig sind wie ein Blick in die Kirschblüte, die uns aber dennoch daran erinnern, dass das Leben ein Fest ist, eine Quelle der Schönheit und der maßlosen Freude.

Weiß liegt die Welt, wie hingeträumt ...
ERICH KÄSTNER

Nun gibt es aber auch Momente – meist schneien sie uns unerwünscht ins Haus –, die alles andere als glücksstiftend sind. »Was ist flüssiger als Wasser?«, haben wir als Kinder jene gefragt, die uns beim Spielen gestört haben, und die Antwort gleich mitgeliefert: »Du! Du bist nämlich überflüssig!« Auch in unser aller Leben finden sich Situationen, die unser wohlgeordnetes »Spiel« auf das Empfindlichste stören, die jegliche Ordnung in Unordnung bringen. Diese Übel mit einem frechen Spruch in die Wüste zu schicken, funktioniert leider nicht. Sie zu ignorieren, auch nicht. Vielmehr gilt es einen Weg zu finden, mit ihnen umzugehen. Was eine echte Herausforderung bedeuten kann. Schließlich haben wir alle gern die Kontrolle über unser Leben und mögen es nicht, durch etwas Unvorhergesehenes aus der Bahn geworfen zu werden. Trotzdem können uns auch solche ungeliebten Störfaktoren zum Segen geraten. Dann nämlich, wenn sie bei allem Ärger, aller Verzweiflung, die sie mit sich bringen, einen Prozess anstoßen, der sich am Ende als heilsam erweist. Genau das ist mir passiert. Interessanterweise, während ich an diesem Buch schrieb.

Der Unfall

Ich hatte eine Freundin vom Bahnhof abgeholt, wartend in der Sonne gestanden, den Kopf in den Nacken gelegt und hoch oben, im Blau des Himmels, einen Raubvogel beobachtet, der ruhig und gemächlich seine Kreise zog. Dann war der Zug eingerollt, freudiges Hallo, unterhaken und los geht's. Alles ist wie immer. Die Straße, die Autos, die Fußgänger, das Johlen der Jugendlichen von der Bushaltestelle, der Duft aus der Dönerbude. Alles ist wie immer und alles ist gut – bis wir den Zebrastreifen betreten. Denn kaum sind wir in der Mitte angelangt, gibt die Dame, die bis jetzt brav gestanden und gewartet hat, unvermittelt Gas. Gott sei Dank reißt meine Freundin mich geistesgegenwärtig zurück, verhindert somit Schlimmeres, aber mein rechter Fuß bleibt dummerweise stehen, wird überrollt und ist mehrfach gebrochen. Und auf einmal prangt in Großbuchstaben das Wort »Stillstand« über meinem Leben. Nichts geht mehr, im wahrsten Sinne des Wortes. Eben noch hätte ich Luftsprünge machen können, war mittendrin im Geschehen, quietschlebendig und bewegt wie eh und je. Von jetzt auf gleich aber bin ich draußen. Kaltgestellt.

Auf die Reservebank geschickt, jenen ungeliebten Ort am Spielfeldrand, wo nichts, aber auch wirklich gar nichts mehr läuft. Ruhe halten heißt das Gebot der Stunde. Stillsitzen. Und das mir! Eine Vision von Trostlosigkeit. Ich fühle mich wie festgeklebt in meinem kleinen Haus, kann nicht mal eben vor die Tür stürmen, wenn mir danach ist, keine Runde über den Rochusberg drehen, um auf andere Gedanken zu kommen, kann mich nicht ins Auto setzen, nicht aufs Fahrrad, mich nicht im Fitness-studio auspowern ... – nichts von alledem ist möglich. Stattdessen diese unerträgliche Bewegungslosigkeit, diese Erstarrung. Dieses Gefühl einer endlosen Warteschleife. Zudem die Hilflosigkeit. Ich, die erprobte Einzelkämpferin, immer schon stolz darauf, Dinge alleine zu schaffen, muss um jeden Handgriff bitten. Ein Alptraum. Nicht einmal eine Tasse Kaffee kann ich mir aus der Küche in mein Arbeitszimmer holen. Ich bin ein einziger Vorwurf, zornig auf das Leben und hochgradig wütend auf die so unachtsame Frau am Steuer. Nachdem ich mich dabei ertappt habe, sogar mit dem Blumenstrauß zu schimpfen, den sie mir nach der Operation gebracht hat und der so üppig und schön ist, dass er nur im Hof einen Platz findet, nehme ich mir vor, etwas ruhiger über das Geschehen nachzudenken. Ich diszipliniere mich sozusagen.

Da ich schreibend immer schon die besten Eingebungen und Ideen habe, nutze ich mein Tagebuch zur Auseinandersetzung mit mir selbst. Ein kreatives Tun, das ich übrigens wärmstens empfehlen kann. Gerade in Situationen, in denen wir nicht so recht wissen, wohin das Leben uns navigieren will, kann das Verfassen von Notizen, dieses gedankliche Festhalten von allem, was uns ein- und zufällt, dieses Herumexperimentieren, ein wunderbarer Prozess sein, uns selbst besser zu verstehen, das Geschehene besser einzuordnen. Auch kann das geduldige Nachdenken auf dem Papier, dieses »süße Gespräch mit der Seele« uns helfen, einen Selbstfindungsprozess anzustoßen und damit Kräfte freisetzen, die eine positive Entwicklung einleiten. Tatsächlich gelang es mir bereits nach wenigen Tagen, meinen Kopf frei zu bekommen und meinen Widerstand gegen die verhasste Situation aufzugeben. Ich akzeptierte, was geschehen war, formulierte im Geist ein uneingeschränktes Ja. Nicht länger gegen Windmühlen kämpfen, sagte ich mir. Schließlich konnte ich das, was geschehen war, auch mit noch so viel Wut und wüsten Beschimpfungen unschuldiger Blumen in meinem Hof nicht ungeschehen machen. Während eines Telefonats, mitten im angeregten Gespräch mit einer Freundin, hörte ich mich plötzlich sagen: »Wer nicht mehr gehen kann, kommt zu sich selbst.« Genau das war der Punkt. Der Wendepunkt. Durch diesen Satz, den ich mir in Rot in meinem Tagebuch notierte und der mir tagelang im Kopf herumgeisterte, begriff ich, dass ich den Unfall und seine Folgen nicht länger als hilfloses Opfer ertragen, vielmehr gewinnbringend für mich nutzen wollte. Fakt war: Das Leben – warum auch immer! – hatte gegen meinen Willen die Pause-Taste gedrückt, mir den Wind aus den Segeln genommen, mein Tempo von hundert auf null heruntergefahren. Und es gab nicht die geringste Möglichkeit, aus dieser Situation auszubrechen. Vor mir lagen mindestens zwei Monate, in denen ich keine Termine wahrnehmen, keine Lesungen, Vorträge und auch keine Seminare halten konnte. Und das wiederum hieß: Ich verfügte über jede Menge Zeit, geschenkte Zeit, in der ich jetzt die Chance witterte, innerlich und äußerlich zur Ruhe zu kommen. Was ich mir, wenn ich ehrlich war, insgeheim schon lange wünschte: mitten im bewegten Alltag eine ausgiebige Auszeit genießen zu dürfen, eine große Pause.

Manchmal zwingt uns das Leben zu neuen Schritten auf unserem Weg und damit zu neuen Erfahrungen. Es beschert uns »Stufen«, wie es in dem gleichnamigen Gedicht von Hermann Hesse heißt, denen allerdings – anders als im Reich der Poesie – im wahren Leben nicht automatisch ein »Zauber« innewohnt. Oft braucht es Geduld, bis wir in dem Unglück, das uns ereilt hat, am Ende doch auch ein Quäntchen Glück entdecken. Dabei rede ich nicht, um das ganz deutlich zu sagen, von brutalen Schicksalsschlägen, die uns völlig aus der Bahn werfen. Für die gelten andere Gesetze. Ich rede hier von jenen »kleineren Katastrophen«, jenen Stolper-steinen des Lebens, die unseren sorgsam geregelten Alltag von jetzt auf gleich völlig durcheinanderbringen und die wir deshalb aus tiefster Seele ablehnen. Trotzdem können wir uns entscheiden, auch diese radikal ungeliebten Dinge nicht vorschnell zu bewerten. Ich habe einmal eine Geschichte gelesen, die von einem überaus klugen Bauern handelte und die damit begann, dass sich sein Sohn während der Ernte auf den Feldern den Fuß gebrochen hatte und somit als Arbeitskraft ausfiel. »Oh, welch ein Unglück!«, stöhnten die Nachbarn, »welch ein großes Unglück!« Die Antwort des klugen Bauern aber lautete: »Wer weiß, wer weiß!« Und siehe da, kurze Zeit später brach der Krieg aus und alle Söhne, bis auf seinen Sohn, wurden zu Soldaten gemacht.

Wenn wir unser Glück auch in ausgemachten Pechsituationen nicht aus den Augen verlieren wollen, sollten wir uns klarmachen, dass wir es sind, die jegliche Ereignisse in unserem Leben beurteilen und interpretieren. Wir allein bestimmen darüber, wie wir Dinge bewerten und welche Einstellung wir ihnen gegenüber haben. Ob wir mit unserer Aufmerksamkeit ausschließlich an der Oberfläche bleiben und damit nur das Drama, das verdammte Unglück sehen, das uns widerfahren ist, oder ob wir bereit sind, die Perspektive zu wechseln, tiefer zu schauen, um so das Potenzial zu entdecken, das im Verborgenen einer Situation schlummert.

Nachdem ich aufgehört hatte, gegen meinen Unfall und seine Folgen zu rebellieren, habe ich selbst Erstaunliches erlebt. Allein die Annahme, das Sich-Einlassen auf die Situation, diese »Umarmung« dessen, was ist, veränderte alles. Ohne, dass ich viel dafür tun musste, war da auf einmal ungeachtet aller Schmerzen und Beeinträchtigungen, unter denen ich litt, ein Gefühl von tiefer Ruhe in mir. Eine Art Windstille der Seele. Ein überraschender, wirklich erstaunlicher Frieden, der in mich einzog. Für mich, die ich in meinem Alltag nicht immer Maß und Mitte finde, ein völlig neues Geschenk. Auch war da die Freiheit, nichts leisten zu müssen. Keinen Zeitdruck zu haben. Kein: Du musst, du musst! Nicht einmal die alltäglichen Verrichtungen und Pflichten im Haushalt warteten auf mich: kein Einkaufen, kein Putzen, kein Kochen. Was blieb, war jede Menge Zeit, in die ich mich hineinfallen lassen konnte. Um was zu tun? Nichts! Um tatsächlich nichts zu tun! Um einfach nur da zu sein. Süße Mußestunden zu verleben. Ein geradezu paradiesischer Zustand. Endlich hatte ich Zeit, alle die Bücher zu lesen, die so lange schon auf mich warteten. Mich in Meditation, in geistiger Versenkung zu versuchen, was ich mir seit einer gefühlten Ewigkeit schon wünschte, einfach nur Musik zu hören, stundenlang mit alten Freunden zu telefonieren, endlich wieder ausführliche Briefe zu schreiben ... Da ich bei aller unerfüllbaren Wandersehnsucht trotzdem nicht auf meine geliebten Ausflüge in die Natur verzichten wollte, bat ich eine Freundin, mich ab und zu ins Grüne zu fahren und mich dort, zusammen mit einem Campingstuhl, für eine ausgesuchte Zeit »abzuladen«. Dank ihrer Hilfe konnte ich, je nach Stimmungslage, den wohltuenden Blick in offene, grenzenlose Weiten genießen, aber auch die Geborgenheit des Waldes hautnah erleben. Und ich staunte nicht schlecht, welche Gedanken und Bilder ohne mein Zutun in mir aufstiegen. Es war wie ein großes Erwachen, eine Art Verwandlung. Da saß ich, mit Krücken und Orthese, unter Bäumen, die leise im Wind rauschten, und dachte über mein Leben nach. Allerdings ganz anders als sonst. Denn ich schaute nicht, wie gewöhnlich, auf alles das, was fehlte, was zurzeit nicht gut lief oder in der Vergangenheit schlecht gelaufen war, vielmehr kamen mir zu meiner großen Überraschung ausschließlich Dinge in den Sinn, die mir geglückt und gelungen waren. Mit der Leichtigkeit von Luftblasen stiegen diese Gedanken in mir auf. Auch verspürte ich im Gegensatz zu sonst keinen Druck nach mehr Aufträgen, mehr Erfolg und mehr Verdienst. Nicht einmal die altbekannte Stimme in meinem Kopf meldete sich zu Wort, die mir in diesen Augenblicken der Lebensbetrachtung gern einflüsterte, nicht gut genug zu sein, hinter den Erwartungen zurückzubleiben. Stattdessen war da ein tiefes Gefühl von Zufriedenheit und Dankbarkeit in mir, gepaart mit der Freude, genau das erreicht zu haben, was ich mir schon als Kind gewünscht und zurechtfantasiert hatte: eine Schriftstellerin zu sein. Die – und auch das ein Grund zum Jubel –, von ihrem Schreiben leben konnte, was in der heutigen Zeit beileibe keine Selbstverständlichkeit ist. Mir fiel auf, welch ein riesengroßes Glück es bedeutet, Bücher schreiben zu dürfen, Menschen zu erreichen, denen ich neben einem Lesevergnügen auch noch Denkanstöße mit auf den Weg geben kann. Dass ich nach Lust und Laune von meinem Glauben, meiner Spiritualität sprechen darf, dieser tiefen Verbundenheit mit Gott, dem wunderbaren Gefühl, winzig kleiner Teil eines großen Ganzen zu sein. Dieses Erleben stellte eine radikale Veränderung zu früherem Erleben dar. Es war wie ein Rausch, wie ein Zauber. Als würde ein nicht enden wollender Strom von Liebe durch mich hindurchfließen und mich mit immer neuer Freude erfüllen. Als hätte mich jemand gepackt und geschüttelt und mit der Nase auf das Glück meines Lebens gestoßen. Ein Glück, dass ich in solch einer Intensität tatsächlich niemals zuvor empfunden hatte. Ich war wie beseelt, beschenkt mit der kostbarsten Empfindung, die es gibt: Zufriedenheit. Genau die zu sein, die ich war.

Nun will ich mit all dem nicht sagen, dass wir erst einen Unfall oder ein ähnliches Übel erleiden müssen, um zu entdecken, wie schön und wertvoll unser Leben ist. Vielmehr wollte ich mit meiner

Geschichte zeigen, wie es gelingen kann, eine ungute Situation aus eigener Kraft in eine gute zu verwandeln. Das Geheimnis liegt in der Veränderung der Wahrnehmung, dem »Umkippen« im Kopf. Manchmal allerdings, so scheint es mir, brauchen wir wie in meinem Fall tatsächlich einen kräftigen Fußtritt vom Leben, eine Art »Klatsche«, ein extremes Torpedieren unseres Alltags. Weil wir tatsächlich erst in diesen Situationen, die uns komplett aus unseren Gewohnheiten, unserem altvertrauten Trott herausreißen, zu uns selbst kommen. Und erst dann spüren und erkennen, was dran ist in unserem Leben, was Not tut. In solch einem Fall kann sich selbst ein Unfall am Ende als Glücksfall herausstellen.

Winter II. – Weihnachtsgeflüster

Schneeflöckchen, Weißröckchen,
wann kommst du geschneit ...

Winterzeit ist auch Weihnachtszeit, ist »Advent, Advent, ein Lichtlein brennt!«. Für mich ist der Advent eine ganz besondere Zeit mit seinem Kerzenlicht, seiner frühen Dämmerung, seinen duftenden Plätzchen und der Atmosphäre freudiger Erwartung. Dass die Geschäftswelt in diesen Wochen auf Hochtouren läuft, stört mich nicht sonderlich. Denn auch der entfesselte Einkaufstrubel, die hell erleuchteten Innenstädte und die glitzernden Dekorationen in den Schaufenstern gehören für mich zur Weihnachtszeit dazu. Wer außerhalb dieses Rummels nach Ruhe und Besinnlichkeit sucht, gehe in die Natur, die sich von der wilden Jagd nach Geschenken gänzlich unbeeindruckt zeigt. Winterlich schweigend, wie in einen Dornröschenschlaf gefallen, liegt sie da und lädt uns ein, in ihre weißgefrorene Stille ein- und abzutauchen. Bei Tag, aber auch in kalten Nächten, in denen die Sterne geheimnisvoll nah sind.

Der Advent ist eine Zeit der Lieder. Zu meinen persönlichen Favoriten gehört der Klassiker: »Macht hoch die Tür, die Tor macht weit«, geschrieben im Advent des Jahres 1623 von dem Pfarrer und Kirchenlieddichter Georg Weissel (1590–1635). Ein Lied, das auf eindringliche Weise vom Geist der Offenheit kündet. In der blumigen Bildersprache des 17. Jahrhunderts fordert es uns auf, uns das »Zweiglein der Gottseligkeit« anzustecken. Warum? Weil der mit »Heiligkeit« Gekrönte kommt, der wie eine »Freudensonne« über unserem Leben aufgeht und nur in himmelhochjauchzenden Tönen zu fassen ist. »Herr der Herrlichkeit«, singen wir, »König aller Königreich«. Sein Gefährt ist die »Sanftmütigkeit«, sein »Zepter« die »Barmherzigkeit«. Ihm, diesem hochgelobten Heil- und Gnadenbringer, gilt es die Tür unseres Herzens zu öffnen.

Türen zu öffnen ist ein alter Adventsbrauch. Denken wir nur an den Adventskalender, der uns spielerisch daran erinnert, uns mit jedem Tag und mit jedem Türchen immer noch ein bisschen mehr zu öffnen. Allein dieser Symbolik wegen liebe ich es, mir Jahr für Jahr einen in die Küche zu hängen. »Öffne mich, dann öffne ich dich!«, scheint er mir glitzernd zuzuflüstern. Es gibt ein Drama von Wolfgang Borchert, ein großartiges Stück Literatur, das den Titel trägt: »Draußen vor der Tür«. Es erzählt von einem Menschen, einem Hilfesuchenden, der nach der Rückkehr aus dem Krieg verzweifelt an fremde Türen klopft. Türen, die sich ab und zu einen Spalt weit öffnen, sodass Hoffnung aufschimmert, die im nächsten Moment aber schon wieder erbarmungslos zugeschlagen werden. Und so bleibt er allein und sich selbst überlassen in seinem Elend, ein Ausgeschlossener, ein Ausgegrenzter, ein Ausgesperrter. Ein Mensch »draußen vor der Tür«.

Vielleicht ist ja gerade der Advent, diese Zeit des Aufmachens, des Sich-auf-den-Weg-Machens, eine gute Zeit, um spontan einmal einem Nächsten, einem lieben Mitmenschen unsere Tür zu öffnen: einem Freund, einem Arbeitskollegen, einem Nachbarn, wem auch immer. Einem Menschen auf jeden Fall, von dem wir meinen, dass ein Gespräch, ein Zusammensein ihm guttun würde, weil er Trost, Mitgefühl, Zuwendung oder einfach nur ein wenig Nähe braucht. Zeit, die wir anderen geben, gibt auch uns etwas zurück. Warum nicht also eine gemütliche Tee- oder Kaffeestunde nutzen, um Brücken zu schlagen von Mensch zu Mensch, von Tür zu Tür? Jedes offene Herz und jede aufgestoßene Tür verwandeln die Welt im ganz Kleinen, machen sie freudvoller und friedlicher – nicht nur zur Weihnachtszeit!

Vielleicht ist der Advent aber auch die richtige Zeit, uns selbst einmal auf den Weg zu machen, um anzuklopfen. Weil wir es sind, die ein offenes Ohr, Aufmerksamkeit, Anteilnahme oder die helfende Hand eines anderen brauchen. Wie wohltuend es ist, Hilfe zu erfahren, habe ich gespürt, als ich nach meinem Unfall mit meinen Krücken durch die Stadt gehumpelt bin. Dass wildfremde Menschen mir ganz selbstverständlich zur Seite gesprungen sind, wenn ich eine Tür nicht öffnen konnte oder an der Kasse mit dem Einpacken nicht nachkam, war großartig. »In einem guten Wort steckt für drei Winter Wärme«, weiß ein Sprichwort. In kleinen Gesten mit großer Wirkung auch.

Zur Weihnachtszeit gehören für mich auch die Anekdoten vergangener Feste. So erinnere ich mich gern an den lang zurückliegenden Nachmittag eines 24. Dezembers. Ich war damals gerade nach Bingen gezogen, überhaupt noch nicht zu Hause in dieser mir so fremden Stadt und durch die lichterhell geschmückten Straßen gelaufen. Eher zufällig als geplant war ich beim Kinderkrippenspiel in der Basilika gelandet. Die prächtige Kirche, die bis eben noch fröhlich geläutet hatte, war bis auf den letzten Platz besetzt und sprühte vor Leben. Da waren Eltern und Großeltern, Onkel und Tanten und natürlich jede Menge Kinder. Angelehnt an einen der vorderen Pfeiler verfolgte ich das Geschehen. Die Hirten, die mit ihren brennenden Laternen die Stufen zum Altar belagerten, waren derart aus dem Häuschen, dass es sie kaum auf ihren Plätzen hielt. Nicht minder aufgeregt und ungeduldig das hochheilige Paar, das jetzt endlich, nachdem der Pfarrer ihnen Platz gemacht hatte, vor die bunten Pappkulissen treten und nach einer Herberge suchen durfte. Noch heute sehe ich sie vor mir, diese zarte Maria im blauen Kleid, dieses zierliche kleine Mädchen mit der Schürze und dem passenden Kopftuch. Eine Maria, wie sie niedlicher nicht sein konnte. Ihr zur Seite ein pausbackiger, recht besorgt dreinblickender Josef mit zu großem Schlapphut. Fürsorglich ihren Arm haltend, geleitet er sie liebevoll durch die Nacht. Ganz plötzlich aber blieb Maria stehen. Josef, seinen Hut aus der Stirn schiebend, schaute sie erwartungsvoll an. Von einem Augenblick zum anderen war es mucksmäuschenstill in der Kirche. Selbst die wuseligen Hirten auf den Altarstufen verhielten sich erstaunlich ruhig. Alle warteten. Und auch ich wartete. Ein Hauch von Spannung lag in der Luft, gefolgt von ein wenig Verwunderung. Denn Maria, die Stocksteife, sagte kein einziges Wort, schwieg beharrlich. Die Stille im Raum wurde lauter. Hälse reckten sich, Füße scharrten ungeduldig. Endlich rührte sie sich, die kleine, so zierliche Gottesmutter, stemmte ihre Hände in den Rücken, als müsse sie ihren Bauch stützen, und sagte mit glasklarer Kinderstimme in die Stille hinein: »Josef, Josef, ich glaube, es geht los!«

Ja, auch das ist Weihnachten. Diese kleinen Freuden, die selbst nach Jahren noch wie Lichter in unseren Herzen leuchten. Dabei fällt mir noch jene besondere Überraschung ein, die ich mir für meine beiden kleinen Neffen ausgedacht hatte. Ein selbstgemachtes Lebkuchenhaus in weißer Winterlandschaft. Ich weiß nicht, wie lange ich an dem Kunstwerk herumgebastelt habe, ich weiß nur, dass ich am Ende mächtig stolz darauf war, was ich mit Zuckerguss so alles gezaubert hatte. Selbst Eiszapfen hingen am Dach und aus dem Schornstein stieg Qualm auf. Die Kinder waren begeistert. Und auch mein Bruder staunte nicht schlecht und trug das Kunstwerk zu meiner großen Freude beim Abschied überaus vorsichtig zum Auto. Als meine Mutter und ich zum Winken aus dem Fenster schauten, setzte er sich gerade ans Steuer. Ich erschrak. Schon im nächsten Moment brüllte ich in die Heilige Nacht hinaus, und ich glaube, auch meine Mutter brüllte, aber die vorbeiratternde Straßenbahn verschluckte unsere Worte. Und so ließ er den Motor an und warf lachend eine Kusshand zu uns hinauf, die wir mittlerweile bis zum Bauchnabel aus dem Fenster hingen und wild gestikulierten. Keine Chance. Winkend fuhr er davon – und besiegelte damit das tragische Schicksal meines ersten und letzten Lebkuchenhauses. Geduldig hatte es auf dem Autodach gestanden und darauf gewartet, genauso liebevoll wie die beiden Kinder verstaut zu werden. Und gewiss hatte es auch versucht, sich festzuhalten, als der Wagen plötzlich und unerwartet losgefahren war. Aber die Fliehkräfte in dieser Nacht waren eindeutig stärker. Und so hatte es seinen Kampf vor unseren fassungslosen Augen in stiller Würde aufgeben und loslassen müssen. Ein kurzer Flug, ein Sturz in die Dunkelheit, ein nachfolgendes Auto ... – Ende einer Winterlandschaft. Im Wagen war das Unglück rasch bemerkt worden. Und wie mein Bruder mir später erzählt hat, waren reichlich Tränen geflossen. Dann aber war ein kleines Wunder geschehen: Die Heilige Nacht damals war eine Vollmondnacht und meinem älteren Neffen war aufgefallen, dass der so dicke, runde Mond am schwarzen Nachthimmel trotz der schnellen Autofahrt nicht von seiner Seite wich. Und so hatte er mit fröhlicher Stimme in die gedrückte Stimmung hinein verkündet: »Wenigstens der Mond kommt mit.«

Zum Winter und zur Weihnachtszeit gehört auch der Jahreswechsel. Und damit die »Tage zwischen den Jahren«, dieser »Hohlraum«, in dem die so rasch dahineilende Zeit für einen Augenblick auszuruhen, den Atem anzuhalten scheint. Für mich – alle Jahre wieder! – die beste Zeit, daheim ein wenig »klar Schiff« zu machen. Ich mag es, aufgeräumt ins neue Jahr zu starten. Obwohl ich nicht zu den Menschen gehöre, die lustvoll Dinge anhäufen, bin ich immer wieder erstaunt, was sich auch bei mir im Lauf von zwölf Monaten so alles angesammelt hat. Welche »Schätze« ich auf meinen Streifzügen durch Schreibtischschubladen, Schränke und Bücherregale entdecke. Gar zu viel von allem, so mein Gefühl, raubt mir wertvolle Aufmerksamkeit und auch Energien. In Richard Wagners »Rheingold«

haust der garstige Riese Fafner mit seinem erbeuteten Nibelungenschatz am Ende in einer Höhle. Auf Siegfrieds Frage, was er denn den lieben langen Tag so treibe, antwortet er: »Ich liege und besitze.« Ein Konzept, das mich nie überzeugt hat. Aus dem einfachen Grund, weil ich nicht den Dingen, vielmehr dem Leben meine Aufmerksamkeit schenken möchte. Deshalb übe ich mich Jahr für Jahr in der hohen Kunst der Reduktion, der äußeren Entschlackung. Ich trenne mich von Überflüssigem, sortiere aus, werfe weg, verschenke. Manchmal lege ich das, was ich nicht mehr haben will, einfach auf die Straße und freue mich, wenn es innerhalb kürzester Zeit einen Liebhaber findet. Für mich ist dieses Ritual am Ende des Jahres ein Akt wohltuender Befreiung. Eine wiederkehrende Erinnerung daran, mich auf das Wesentliche zu konzentrieren. Natürlich besitze ich trotzdem auch einiges von dem, was der Kölner als Nippes bezeichnen würde. Überflüssiges, das mir zutiefst wichtig ist. Herzensdinge, die ich in meiner Nähe haben möchte, weil sie mir das Gefühl von Vertrautheit und Geborgenheit vermitteln. Wohl jeder hat sie, diese ganz persönlichen Gegenstände, die emotional besetzt sind und deshalb so herrliche Nestwärme verbreiten. Manche begleiten uns über Jahre oder Jahrzehnte hinweg. Sie anzuschauen oder auch zu benutzen, bereitet Freude, weil sie mit Erinnerungen und guten Gefühlen aufgeladen sind. Auch Kleidungsstücke können dazu gehören.

Neulich erzählte mir eine Bekannte, sie habe ihren Kleiderschrank durchforstet und alles, was sie nicht mehr anziehen wollte, zu Oxfam (internationale Nothilfe- und Entwicklungsorganisation) gebracht. Als sie einige Zeit später selbst in dem Laden herumstöberte, kaufte sie, ohne es sofort zu bemerken, eine ihrer aussortierten Lieblingsblusen zurück. Was sie zu der Erkenntnis bewog, dass die Geschichte, die sie mit dieser Bluse verband, wohl doch noch nicht in fremde Hände gehörte.

Bei aller Sympathie für das, was uns froh stimmt, sollten wir uns aber nicht ausschließlich mit Dingen der Vergangenheit umgeben, nicht ständig in den Rückspiegel schauen. Ich kannte eine alleinstehende, sehr wohlhabende Dame, die von ihren Erinnerungen regelrecht »umstellt« war. Beinah alles in ihrem großen Haus lenkte die Aufmerksamkeit auf ein Gestern, auf das »Es war einmal«, weshalb auch ihre Gespräche mit Vorliebe in diese Richtung abglitten. Diese Dame beklagte sich jämmerlich darüber, einsam zu sein. Was mich, ehrlich gesagt, nicht wunderte, schien doch die Pflege ihres »Museums«, besser noch ihres »Mausoleums«, ihr wichtiger zu sein als das anklopfende Leben. Für mich war sie eine Reiche, die doch arm war. Mit Grausen erinnere ich mich auch an alle die getrockneten Rosensträuße, die ich nach dem Tod meiner Mutter von den Wänden pflücken musste. Jede Menge traurige, kopfüber hängende Bouquets, die für irgendwelche schönen Momente standen. Verblasste, völlig verstaubte Erinnerungen. Sich von solchen Dingen zu verabschieden, heißt nicht zwangsläufig, sich auch von den Erinnerungen zu verabschieden. Ganz im Gegenteil. Während meiner Studienzeit besaß ich einen goldenen Spiegel, den ein früh verstorbener Freund mir geschenkt hatte. Von Wohnung zu Wohnung war der Spiegel mitgereist, ich hatte ihn, wie man so sagt, in Ehren gehalten, weil er mich an jenen besonderen Menschen erinnerte. Irgendwann aber fiel mir auf, dass ich beim Anblick des kleinen, goldenen Spiegels weniger an die schöne gemeinsame Zeit dachte als vielmehr an den tragischen Tod meines Freundes, was mich ein ums andere Mal traurig stimmte. Deshalb entschloss ich mich eines Tages dazu, den Spiegel wegzugeben. Heute trage ich die Erinnerung an jenen Jugendfreund im Herzen – dort, wo sie hingehört.

Je älter ich werde, umso wohltuender empfinde ich es, die Schönheit der Bescheidenheit zu leben. Mal ehrlich, wer braucht denn ernsthaft ein zweites Kaffee- oder Teeservice, das nur im Schrank herumsteht, weil es niemals benutzt wird? Oder die unendliche Vermehrung im Kleiderschrank, alle die vollgestopften Fächer und Regalbretter, die Zeitungsstapel, die sich wie Wanderdünen durch unsere Wohnung fortbewegen. Überfluss – ein zutreffendes, wunderbar bildhaftes Wort. Dinge fließen über, strömen aus Schränken und Schubladen heraus, aus

Kellern herauf und von Dachböden herunter und schwappen uns vor die Füße. Zur Eindämmung genau dieser Fluten kultiviere ich mein jährliches Reduktionsritual. Um immer wieder neu zu spüren: tief im Inneren liegt der Schatz meines Lebens, nicht im Außen.

Der Weise, wandernd weite Wege,
trägt mit sich, was er braucht.
Alle Herrlichkeit sieht er.
Aber besitzen will er nichts.

LAOTSE

Ende des Jahres heißt gleichzeitig Anfang des Jahres. Silvester. Schlag Mitternacht ist das alte Jahr Schnee von gestern. Da ich wenig von guten Vorsätzen, aber viel von guten Worten halte, nehme ich mir als eine Art geistige Richtschnur ein sogenanntes »Wohlfühlalphabet« mit ins neue Jahr. Auf schönem Papier ausgedruckt, lege ich es an eine Stelle in meinem Arbeitszimmer, wo ich es immer mal wieder entdecke und lese. Es buchstabiert sich wie folgt:

ABC

Achtsamkeit ist ein Schlüssel zum Glück.
Begeisterung öffnet Herzen.
Carpe diem! Nütze den Tag!
Der Weg ist das Ziel.

Erfolg misst sich an der Qualität des Lebens.

Freude verleiht Flügel.

Gedanken sind Kräfte.

Halte Maß in allen Dingen.

Im Eingeständnis von Schwäche liegt Stärke.

Jeden Tag ein kleines Lied.

Kleine Geschenke erhalten die Freundschaft.

Liebe macht sehend, nicht blind.

Menschlichkeit, ein anderes Wort für Nächstenliebe.

Nicht suchen, finden.

Offenheit verdient immer Anerkennung.

Per aspera ad astra! Auf steinigen Wegen zu den Sternen.

Quelle des Glücks ist die Liebe.

Reisen bildet.

Stille nährt, Lärm verbraucht.

Takt ist der Verstand des Herzens.

Unscheinbares wahrnehmen.

Vergiss niemals, zu danken.

Was du dir selbst glaubst, glaubt dir jeder.

Xylophonklängen lauschen.

Yoga ist ein Weg zur Entspannung.

Zwischen uns sei Wahrheit.

Winterschluss. Der letzte Schnee schmilzt in der Sonne, es taut und tropft von den Dächern. Noch hat der Frostkönig das Zepter nicht aus der Hand gegeben. Und doch ist seine Macht gebrochen. Denn erste Schneeglöckchen läuten bereits die kommende Zeit ein. Verkünden mit zarter Stimme, dass

die Erde bald wieder duften wird, die fröhliche Gemeinschaft der Krokusse und Narzissen und auch
der Gesang der Vögel zurückkehren werden. Ro-
bert Walser, einer der passioniertesten Spaziergänger
unter den Schriftstellern, spricht uns aus der Seele,
wenn er ausruft:

*Wie schön ist's, dass dem Winter
jedesmal der Frühling folgt.*

Schluss

I see trees of green, red roses too.
I see them bloom for me and you,
and I think to myself:
What a wonderful world.

LOUIS AMSTRONG

Der Kreis hat sich geschlossen. Lächelnd hat sich Tag an Tag gereiht. Müßiggängerisch und hochvergnügt haben wir einen Fuß vor den anderen gesetzt und die Freundschaft der Jahreszeiten genossen. Dabei haben wir die wechselnden Farben des Himmels bewundert, die unmittelbare Schönheit ausgesuchter Landschaften, haben neue Horizonte entdeckt und den uralten Zyklus von Werden und Vergehen hautnah miterlebt. Vom Leben berührt, haben wir über Selbstliebe nachgedacht, jenes innere Feuer, das bis zum letzten Atemzug in uns brennen sollte. Wir sind Lebenskünstlern begegnet, die selbst im hohen Alter noch eine ganz und gar ursprüngliche Lebensfreude und Vitalität ausstrahlen. Menschen, die gesegnet und gleichzeitig ein Segen sind. Wir haben die Erde unter unseren Füßen gespürt, die Sonne auf unserer Haut, Wind und Regen im Gesicht. Wir haben den Duft sommerlicher Wiesen genossen und den Geschmack von frischem Quellwasser. Und bei alledem haben wir uns im Einklang mit der Natur gefühlt, als Teil eines großen Ganzen erlebt.

Hier nun trennen sich unsere Wege. Mögen alle die guten Gefühle, der Frieden und die Freude, die wir unterwegs »gesammelt« haben, für immer in uns bleiben. Und der Duft von Glück uns weiterhin umgeben.

Quellen

»Frühling, Sommer, Herbst und Winter sind vier Jahreszeiten ...«: aus: Leo Lionni, »Frederick«, Bad Langensalza, 2003 (ohne Seitenzahlen)

»Der römische Brunnen«, Conrad Ferdinand Meyer, in: »Deutsche Lyrik vom Barock bis zur Gegenwart«, Hrsg.: Gerhard Hay und Sibylle von Steinsdorff, München, 1980, S. 224

»... eine Rose als Stütze«: aus Hilde Domin, Sämtliche Gedichte, Frankfurt am Main, 2009, S. 48

»Es knospt / unter den Blättern ...«: aus: Hilde Domin, Sämtliche Gedichte, Frankfurt am Main, 2009, S. 142

»Wir alle fallen ...«: aus: Rainer Maria Rilke, »Herbst«, in: »Die Gedichte«, Frankfurt am Main, 1998, S. 346

»Herr: es ist Zeit ...«: aus: Rainer Maria Rilke, »Herbsttag«, in: »Die Gedichte«, Frankfurt am Main, 1998, S. 344

Bibliografische Information der Deutschen Nationalbibliothek

Die Deutsche Nationalbibliothek verzeichnet diese Publikation in der Deutschen Nationalbibliografie. Detaillierte bibliografische Daten sind im Internet über http://dnb.d-nb.de abrufbar.

in Deutschland produziert

1. Auflage 2020
© Vier-Türme GmbH, Verlag, Münsterschwarzach 2020
Alle Rechte vorbehalten

Lektorat: Marlene Fritsch
Umschlaggestaltung: Finken und Bumiller, Stuttgart
Umschlagmotiv: Christopher Hall / shutterstock.com
Druck und Bindung: Pustet, Regensburg
ISBN 978-3-7365-0296-3

www.vier-tuerme-verlag.de